#홈스쿨링
#초등 영어 독해 기초력

똑똑한
하루
Reading

똑똑한 하루 Reading
시리즈 구성 Level 1~4

Level 1 A, B
3학년 영어

Level 2 A, B
4학년 영어

Level 3 A, B
5학년 영어

Level 4 A, B
6학년 영어

똑똑한 하루 Reading만의

**똑똑한
부가 자료**

책 속 부록

머휘 리스트

온라인 자료

QR

▷ QR코드를 스캔하여
편리하게 음원을
들으며 학습하세요.

추가 활동지

▷ 다양한 추가 활동지를
book.chunjae.co.kr
에서 다운 받으세요.

똑똑한 하루 Reading ♥

4주 완성 스케줄표

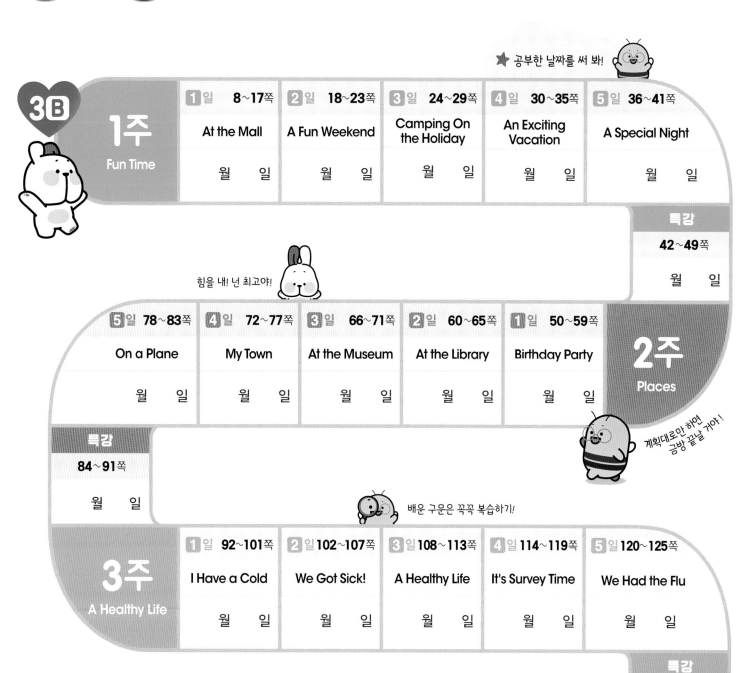

★ 공부한 날짜를 써 봐!

3B

1주 Fun Time

1일 8~17쪽	2일 18~23쪽	3일 24~29쪽	4일 30~35쪽	5일 36~41쪽
At the Mall	A Fun Weekend	Camping On the Holiday	An Exciting Vacation	A Special Night
월 일	월 일	월 일	월 일	월 일

특강
42~49쪽
월   일

힘을 내! 넌 최고야!

2주 Places

5일 78~83쪽	4일 72~77쪽	3일 66~71쪽	2일 60~65쪽	1일 50~59쪽
On a Plane	My Town	At the Museum	At the Library	Birthday Party
월 일	월 일	월 일	월 일	월 일

특강
84~91쪽
월   일

계획대로만 하면 금방 끝날 거야!

배운 구문은 꼭꼭 복습하기!

3주 A Healthy Life

1일 92~101쪽	2일 102~107쪽	3일 108~113쪽	4일 114~119쪽	5일 120~125쪽
I Have a Cold	We Got Sick!	A Healthy Life	It's Survey Time	We Had the Flu
월 일	월 일	월 일	월 일	월 일

특강
126~133쪽
월   일

복습하니까 이해가 쏙쏙! 실력이 쑥쑥!

4주 Festivals

특강	5일 162~167쪽	4일 156~161쪽	3일 150~155쪽	2일 144~149쪽	1일 134~143쪽
168~175쪽	Rio Carnival	A Water Festival	A Light Festival	La Tomatina	The Mud Festival
월 일	월 일	월 일	월 일	월 일	월 일

똑똑한 하루 Reading

똑똑한 QR 사용법

QR 음원 편리하게 듣기

1. 표지의 QR 코드를 찍어
   리스트형으로 모아 듣기

2. 교재의 QR 코드를 찍어 바로 듣기

편하고 똑똑하게!

Chunjae
Makes
Chunjae

▼

편집개발	임성란, 오은진, 김주영, 박영미, 이지은
디자인총괄	김희정
표지디자인	윤순미, 이주영
내지디자인	박희춘, 이혜미
제작	황성진, 조규영

발행일	2022년 6월 1일 초판 2022년 6월 1일 1쇄
발행인	(주)천재교육
주소	서울시 금천구 가산로9길 54
신고번호	제2001-000018호
고객센터	1577-0902

똑 똑 한

하루
Reading

5학년 영어

3B

똑똑한 하루 Reading ★LEVEL 3 B

구성과 활용 방법

한 주 미리보기

미리보기 활동

미리보기 만화

• 재미있는 만화를 읽으며 이번 주에 공부할 내용을 생각해 보세요.
• 간단한 활동을 하며 이번 주에 배울 단어와 구문을 알아보세요.

step 1

• 재미있는 만화를 읽으며 오늘 읽을 글의 내용을 생각해 보세요.
• QR 코드를 찍어 새로 배울 단어나 어구를 듣고 써 보세요.

step 2

• 쉬운 글을 읽고 글의 주제를 알아보고 주요 구문을 익혀 보세요.
• QR 코드를 찍어 글을 듣고 한 문장씩 따라 읽어 보세요.
• 문제를 풀어 보며 글을 잘 이해했는지 확인해 보세요.

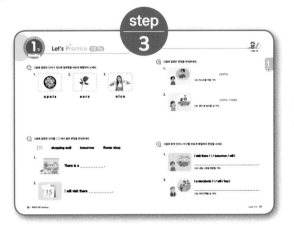

step
3

다양한 활동을 하며 오늘 배운 단어와
주요 구문을 복습해 보세요.

누구나 100점
TEST

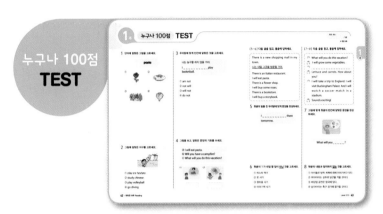

문제를 풀어 보며 한 주 동안 배운 내용을 얼마나
잘 이해했는지 확인해 보세요.

Brain Game Zone

한 주 동안 배운 내용을 창의·사고력 게임으로
재미는 두 배, 사고력은 UP!

말판 놀이

창의·사고력 게임

창의·서술형

하루 구문 미리보기

💙 어떤 사건이나 사실이 언제 일어났는지를 나타내는 시제에 대해 미리 알아볼까요?

현재

현재의 사실이나 습관을 나타내요. be동사의 현재형은 am, are, is이고, 일반동사의 현재형은 동사원형 또는 동사원형에 s나 es를 붙여요.

I am a student. 나는 학생이야.
He likes bread. 그는 빵을 좋아해.

현재진행

지금 하고 있는 일을 나타내요. 「be동사 + 동사원형ing」의 형태로 써요.

They are playing soccer. 그들은 축구를 하고 있어.
She is studying English. 그녀는 영어 공부를 하고 있어.

과거

과거에 일어난 일을 나타내요. be동사의 과거형은 was, were이고, 일반동사의 과거형은 대개 동사원형에 ed를 붙이는데, 불규칙하게 변화하는 것도 있어요.

He was at home. 그는 집에 있었어.
I cleaned my room. 나는 내 방을 청소했어.

미래

앞으로 일어날 일이나 계획을 나타내요. 「will + 동사원형」 또는 「be going to + 동사원형」의 형태로 써요.

We will do our best. 우리는 최선을 다할 거야.
She is going to help me. 그녀는 나를 도와줄 거야.

함께 공부할 친구들

이서 매사에 열정적인
밝은 친구

루하 가끔은 엉뚱하지만
다정한 친구

톡톡이 어설프게 많이 아는
귀염둥이 스마트폰

호그 까칠하지만 마음은
따뜻한 고슴도치

1주에는 무엇을 공부할까? ①

재미있는 이야기로 이번 주에 공부할 내용을 알아보세요.

◉ 내일 무엇을 할지 동그라미 해 보세요.

I will ~ tomorrow. 나는 내일 ~할 거야.

cook

read a book

meet
my friend

play
volleyball

B

◉ 내일 무엇을 하지 않을지 ✔ 표 해 보세요.

I will not ~ tomorrow. 나는 내일 ~을 하지 않을 거야.

ride a bike

go on a picnic

play ice hockey

go diving

At the Mall

쇼핑몰에서   내일 계획

📦 재미있는 이야기로 오늘 읽을 글의 내용을 생각해 보세요.

New Words 오늘 배울 단어를 듣고 써 보세요.

shopping mall 쇼핑몰

tomorrow 내일

pasta 파스타

flower shop 꽃가게

rose 장미

cool 멋진

At the Mall

 여자아이는 쇼핑몰에서 무엇을 할까요?

There is a new shopping mall in my town.

I will visit there tomorrow.

하루 구문

I will + 동사원형 ~. 나는 ~할 거야.

아직 일어나지 않은 미래에 대한 일을 말할 때 조동사 will을 써요.

주어가 he, she, it이 와도 will과 동사의 형태가 바뀌지 않아요.

There is an Italian restaurant.

I will eat pasta.

There is a flower shop.

I will buy some roses.

There is a bookstore.

I will buy a storybook.

Shopping at the mall will be very cool!

Let's Check

정답 1쪽

문장을 읽고 글의 내용과 일치하면 T, 일치하지 않으면 F에 동그라미 하세요.

1. The girl will visit a new shopping mall tomorrow.   T   F

2. The girl will visit a Korean restaurant.   T   F

3. The girl will buy some flowers.   T   F

Let's Practice 집중 연습

 그림에 알맞은 단어가 되도록 알파벳을 바르게 배열하여 쓰세요.

1.

a p a t s

2.

e o r s

3.

o l c o

B 그림에 알맞은 단어를 보기 에서 골라 문장을 완성하세요.

보기   shopping mall   tomorrow   flower shop

1.

There is a _____.

2.

I will visit there _____.

▶정답 1쪽

C 그림에 알맞은 문장을 완성하세요.

1.

pasta.

나는 파스타를 먹을 거야.

2.

some roses.

나는 장미 몇 송이를 살 거야.

D 그림에 맞게 단어나 어구를 바르게 배열하여 문장을 쓰세요.

1.

(visit there / I / tomorrow / will)

_____

나는 내일 그곳을 방문할 거야.

2.

(a storybook / I / will / buy)

_____

나는 이야기책을 살 거야.

A Fun Weekend

즐거운 주말

주말 계획

🎁 재미있는 이야기로 오늘 읽을 글의 내용을 생각해 보세요.

New Words 오늘 배울 단어나 어구를 듣고 써 보세요.

storm 폭풍우가 치다

weekend 주말

Chinese 중국어

ice hockey 아이스하키

volleyball 배구

go diving 다이빙하러 가다

A Fun Weekend

Q 아이들은 주말에 무엇을 할까요?

Ann

It will storm this weekend.

I will not play basketball.

I will watch my favorite movies at home.

Tony

It will snow this Saturday.

I will not study Chinese.

I will play ice hockey.

하루 구문

I will not + 동사원형 ~. 나는 ~하지 않을 거야.

조동사 will의 부정형은 will 다음에 not을 써요. will not은 won't로 줄여
쓸 수 있어요.

요일이나 언어명 같은 고유명사는
언제나 첫 글자를 대문자로 써요.

It will be hot this Sunday.
I will not play volleyball.
I will go diving with my friends.

Mia

정답 2쪽

Let's Check

글의 내용과 일치하도록 괄호 안에서 알맞은 것을 골라 동그라미 하세요.

1. Ann (will / will not) play basketball.

2. It will (strom / snow) this Saturday in Tony's town.

3. Mia will not (play volleyball / go diving).

Let's Practice 집중 연습

A 그림에 알맞은 단어를 찾아 동그라미 한 후 빈칸에 쓰세요.

1.
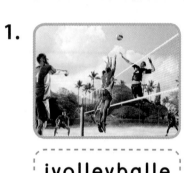

jvolleyballe

2.

ChineseKeg

3.

shastormne

B 그림에 알맞은 단어나 어구를 보기 에서 골라 문장을 완성하세요.

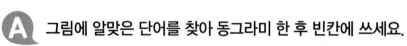

보기   weekend   ice hockey   go diving

1.

Mon	Tue	Wed	Thu	Fri	Sat	Sun
1	2	3	4	5	6	7
8	9	10	11	12	13	14
15	16	17	18	19	20	21
22	23	24	25	26	27	28
29	30	31				

It will storm this _____.

2.

I will play _____.

C 그림에 알맞은 문장을 완성하세요.

1.

basketball.

나는 농구를 하지 않을 거야.

2.

Chinese.

나는 중국어 공부를 하지 않을 거야.

D 그림에 맞게 단어나 어구를 바르게 배열하여 문장을 쓰세요.

1.

(I / play / will not / volleyball)

_____

나는 배구를 하지 않을 거야.

2.

(go diving / I / will / not)

_____

나는 다이빙을 하러 가지 않을 거야.

휴일에 캠핑하기
Camping On the Holiday

재미있는 이야기로 오늘 읽을 글의 내용을 생각해 보세요.

New Words

오늘 배울 단어를 듣고 써 보세요.

holiday 휴일

parents 부모님

barbecue 바비큐하다

campfire 캠프파이어

forest 숲

careful 조심하는

Camping On the Holiday

Q 남자아이는 휴일에 무엇을 할 건가요?

Will you go camping on the holiday?

Yes. I will go camping with my parents.

Will you go to Seoraksan Mountain?

No. We will go to Jirisan Mountain.

Will you barbecue there?

Sure. We will also have a campfire.

There are wild bears in the forest. Be careful!

Don't worry!

Will you + 동사원형 ~? 너는 ~할 거니?

미래에 일어날 일이나 계획에 대해 질문할 때 쓰는 표현이에요. 대답은
긍정일 때는 Yes, I will., 부정일 때는 No, I won't.라고 해요.

산 이름을 영어로 나타낼 때는
고유명사 그대로 Seoraksan,
Jirisan이라고 쓰고, '산'이라는 뜻의
Mountain을 붙여 줘요.

Let's Check

정답 3쪽

글의 내용과 일치하도록 괄호 안에서 알맞은 것을 골라 동그라미 하세요.

1. The boy will go camping with his (parents / friends).

2. The boy will go to (Jirisan / Seoraksan) Mountain.

3. There are wild (birds / bears) in the forest.

Let's Practice 집중 연습

 그림에 알맞은 단어를 찾아 동그라미 한 후 빈칸에 쓰세요.

> r e r f o r e s t f e i p a r e n t s s p e c a m p f i r e g e o r

1.

2.

3.

B 그림에 알맞은 단어를 보기 에서 골라 문장을 완성하세요.

> 보기   careful   barbecue   holiday

1.

   Will you _____ there?

2.

   Will you go camping on the _____?

C 그림에 알맞은 문장을 완성하세요.

1.

_____ have a campfire?

너는 캠프파이어를 할 거니?

2.

_____ to Seoraksan Mountain?

너는 설악산에 갈 거니?

D 그림에 맞게 단어나 어구를 바르게 배열하여 문장을 쓰세요.

1.

(on the holiday / you / Will / barbecue)

너는 휴일에 바비큐할 거니?

2.

(Will / the mountain / go to / you)

_____

너는 산에 갈 거니?

신나는 방학

An Exciting Vacation

📦 재미있는 이야기로 오늘 읽을 글의 내용을 생각해 보세요.

New Words 오늘 배울 단어를 듣고 써 보세요.

lettuce 상추

healthy 건강한

trip 여행

England 영국

palace 궁전

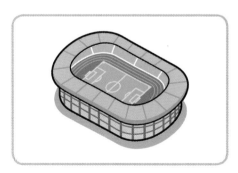

stadium 경기장

An Exciting Vacation

Q 아이들은 방학에 무엇을 할 예정인가요?

What will you do this vacation?

I will grow some vegetables.

What will you grow?

Lettuce and carrots.

I will make a healthy salad with them.

How about you?

Wh의문사 + will you + 동사원형 ~?
너는 무엇을/언제/어디에서 ~할 거니?

will you 앞에 Wh의문사를 붙여서 만든 의문문이에요. What, When, Where 등을 붙여 '무엇을, 언제, 어디에서' 등을 물어볼 수 있어요.

영국은 축구가 유명한 나라예요. 맨체스터 유나이티드의 홈구장인 맨유 스타디움이 유명하답니다.

I will take a trip to England.

What will you do there?

I will visit Buckingham Palace.

And I will watch a soccer match in a stadium.

Sounds exciting!

Let's Check

정답 4쪽

글의 내용과 일치하도록 빈칸에 알맞은 것을 고르세요.

1. The girl will _____ some vegetables.
   ⓐ grow   ⓑ make   ⓒ watch

2. The boy will watch a soccer match in a _____.
   ⓐ palace   ⓑ stadium   ⓒ garden

Let's Practice 집중 연습

A 그림에 알맞은 단어를 찾아 동그라미 한 후 빈칸에 쓰세요.

1.

estadiumgu

2.

tiprtripir

3.

lettucehre

B 그림에 알맞은 단어를 보기 에서 골라 문장을 완성하세요.
(필요한 경우 첫 글자를 대문자로 쓰세요.)

보기   healthy   England   palace

1.

I will take a trip to _____.

2.

I will visit Buckingham _____.

▶정답 4쪽

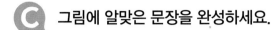

C 그림에 알맞은 문장을 완성하세요.

1.

_____ you _____?

넌 무엇을 기를 거야?

2.

_____ you ____ there?

넌 거기서 무엇을 할 거야?

D 그림에 맞게 단어나 어구를 바르게 배열하여 문장을 쓰세요.

1.

(this vacation / What / will you / do)

_____

넌 이번 방학에 무엇을 할 거야?

2.

(make / you / will / What)

_____

넌 무엇을 만들 거야?

특별한 밤

A Special Night 1~4일 복습

📦 재미있는 이야기로 오늘 읽을 글의 내용을 생각해 보세요.

New Words 오늘 배울 단어를 듣고 써 보세요.

news 뉴스, 소식

shooting star 별똥별

rooftop 옥상

telescope 망원경

need 필요하다

sleeping bag 침낭

A Special Night

Q 아이들은 오늘 밤 무엇을 할 예정인가요?

10

Did you hear the news?

We can watch shooting stars tonight.

I will watch them with Jake.

Sounds interesting.

Where will you watch them?

On the rooftop of my house.

하루 구문

I will + 동사원형 ~.	나는 ~할 거야.
I will not + 동사원형 ~.	나는 ~하지 않을 거야.
Will you + 동사원형 ~?	너는 ~할 거니?
Wh의문사 + **will you** + 동사원형 ~?	너는 무엇을/언제/어디에서 ~할 거니?

Cool! Will you take a telescope?

No. We will not need one.

We can watch shooting stars without a telescope.

But we will take our sleeping bags.

Let's Check

정답 5쪽

문장을 읽고 글의 내용과 일치하면 T, 일치하지 않으면 F에 동그라미 하세요.

1. The girl cannot watch shooting stars tonight.

2. Jake will watch shooting stars on the rooftop.

3. The girl and Jake will not need a telescope.

Let's Practice 집중 연습

A 그림에 알맞은 단어가 되도록 알파벳을 바르게 배열하여 쓰세요.

1.

s n e w

2.

t o p r o f o

3.

c p e o t l e e s

B 그림에 알맞은 단어를 보기 에서 골라 문장을 완성하세요.

보기   sleeping bag   shooting star   need

1.

We can watch _____s.

2.

I will take my _____.

C 그림에 알맞은 문장을 완성하세요.

1.

_____ them with Jake.

나는 제이크와 그것들을 볼 거야.

2.

_____ you _____ them?

너는 어디에서 그것들을 볼 거니?

D 그림에 맞게 단어나 어구를 바르게 배열하여 문장을 쓰세요.

1.

(a telescope / you / take / Will)

_____

너는 망원경을 가져갈 거니?

2.

(will / need / We / not / one)

_____

우리는 그것이 필요 없을 거야.

1 단어에 알맞은 그림을 고르세요.

pasta

①   ②

③  ④

2 그림에 알맞은 어구를 고르세요.

① play ice hockey
② study chinese
③ play volleyball
④ go diving

3 우리말에 맞게 빈칸에 알맞은 것을 고르세요.

나는 농구를 하지 않을 거야.

I _____ _____ play basketball.

① am not
② not will
③ will not
④ do not

4 그림을 보고, 알맞은 문장의 기호를 쓰세요.

ⓐ I will eat pasta.
ⓑ Will you have a campfire?
ⓒ What will you do this vacation?

(1)    (2)

1주

[5~6] 다음 글을 읽고, 물음에 답하세요.

There is a new shopping mall in my town.

<u>나는 내일 그곳을 방문할 거야.</u>

There is an Italian restaurant.

I will eat pasta.

There is a flower shop.

I will buy some roses.

There is a bookstore.

I will buy a storybook.

5 윗글의 밑줄 친 우리말에 맞게 문장을 완성하세요.

I _____ _____ there tomorrow.

6 윗글의 'I'가 내일 할 일이 <u>아닌</u> 것을 고르세요.

① 파스타 먹기

② 옷 사기

③ 장미꽃 사기

④ 이야기책 사기

[7~8] 다음 글을 읽고, 물음에 답하세요.

What will you do this vacation?

I will grow some vegetables.

_____

Lettuce and carrots. How about you?

I will take a trip to England. I will visit Buckingham Palace. And I will watch a soccer match in a stadium.

Sounds exciting!

7 그림에 맞게 윗글의 빈칸에 알맞은 문장을 완성하세요.

What _____ you _____?

8 윗글의 내용과 일치하지 <u>않는</u> 것을 고르세요.

① 아이들은 방학 계획에 내해 이야기하고 있다.

② 여자아이는 상추와 당근을 키울 것이다.

③ 버킹엄 궁전은 영국에 있다.

④ 남자아이는 축구 경기에 참가할 것이다.

🧩 배운 내용을 떠올리며 말판 놀이를 해 보세요.

START

1. 그림을 보고 알맞은 단어에 동그라미 하세요.

volleyball

ice hockey

2. 그림에 알맞은 단어를 완성하세요.

h □ li □ ay

3. 단어를 읽고 알맞은 우리말 뜻과 연결하세요.

trip •   • 경기장

stadium •   • 여행

4. 그림과 단어가 일치하면 ○ 표,
일치하지 않으면 × 표 하세요.

need □

5. 그림을 보고 알파벳을 바르게 배열하여
단어를 쓰세요.

ythhael

→ _____

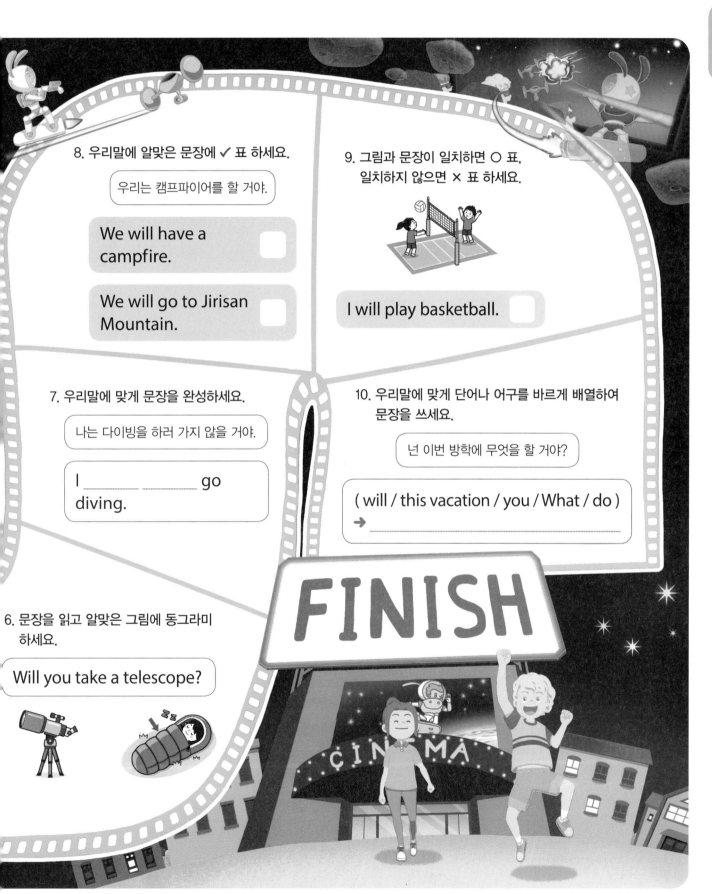

8. 우리말에 알맞은 문장에 ✔ 표 하세요.

우리는 캠프파이어를 할 거야.

We will have a campfire. ☐

We will go to Jirisan Mountain. ☐

9. 그림과 문장이 일치하면 ○ 표, 일치하지 않으면 ✕ 표 하세요.

I will play basketball. ☐

7. 우리말에 맞게 문장을 완성하세요.

나는 다이빙을 하러 가지 않을 거야.

I _____ _____ go diving.

10. 우리말에 맞게 단어나 어구를 바르게 배열하여 문장을 쓰세요.

넌 이번 방학에 무엇을 할 거야?

(will / this vacation / you / What / do)

→ _____

FINISH

6. 문장을 읽고 알맞은 그림에 동그라미 하세요.

Will you take a telescope?

CINEMA

A 그림과 일치하도록 블록의 순서를 재배열해 보세요.

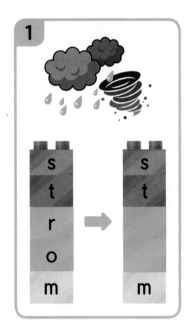

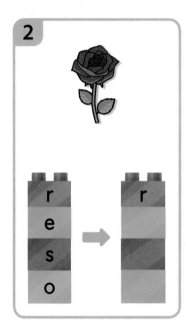

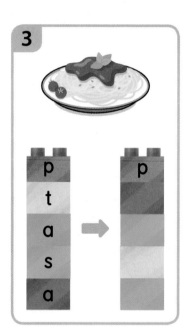

B 마법 모자 안에서 새로운 단어가 생겨요. 힌트 와 그림을 사용하여 단어를 만들어 보세요.

힌트   bag   star   ice   sleeping   hockey   shooting

C 단어에 빠져 있는 한 글자씩을 차례로 배열하여 또 다른 단어를 만드세요. 그 단어를 사용하여 문장을 완성하세요.

___ews   h___liday   pas___a

tomorro___   tr___p   hea___thy   pa___ace

fore___t   pare___ts   r___se   ___eekend

It _____ _____ _____ this weekend.

이번 주말에는 눈이 오지 않을 거야.

Step A 그림 단서를 보고 보기 에서 알맞은 단어를 골라 퍼즐을 완성하세요.

보기 rooftop   news   need   telescope

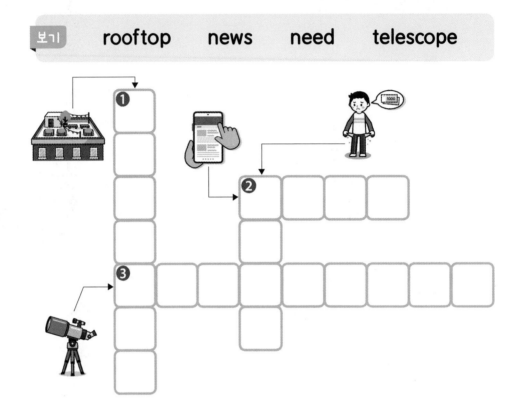

Step B Step A 의 단어를 사용하여 글을 완성하세요.

Did you hear the _____?
We can watch shooting
stars tonight.
I will watch them with Jake.

Sounds interesting.
Where will you watch them?

On the _____ of my
house.

Cool! Will you take a
_____?

No. We will not _____
one.
We can watch shooting stars
without a telescope.
But we will take our sleeping
bags.

Step C 단서를 보고 암호를 풀어 문장을 쓰세요.

> | 단서 | ⊙ = Where | ♠ = will | ○ = watch |
> | --- | --- | --- | --- |
> | | ★ = them | ☆ = I | ◗ = not | ◈ = you |

1. ☆ ♠ ○ ★ with Jake.

   _____

   나는 제이크와 함께 그것들을 볼 거야.

2. ⊙ ♠ ◈ ○ them?

   _____

   너는 그것들을 어디에서 볼 거니?

 창의 서술형

🖉 여러분이 오늘밤 무엇을 할지 생각하며 글을 완성하세요.

> I will watch _____ tonight.
> I will watch _____ with my _____.
> We will watch _____ on the _____ of _____ house.

> We will not take _____.
> We can watch _____ without _____.
> But we will take our _____.

재미있는 이야기로 이번 주에 공부할 내용을 알아보세요.

A

◉ 여러분이 무엇을 먹고 싶은지 동그라미 해 보세요.

I would like ~. 저는 ~을 먹고 싶어요.

soup

chicken

spaghetti

pizza

hamburger

sausage

B

◉ 각각의 우체국이 어디에 있는지 말해 보세요.

The post office is ~ the supermarket.
우체국은 슈퍼마켓 ~에 있어.

next to

in front of

behind

across from

생일 파티

음식 주문

Birthday Party

🎁 재미있는 이야기로 오늘 읽을 글의 내용을 생각해 보세요.

New Words 오늘 배울 단어를 듣고 써 보세요.

order 주문하다

mushroom 버섯

soup 수프

shrimp 새우

spaghetti 스파게티

sausage 소시지

Birthday Party

Q 아이들은 무엇을 먹고 싶을까요?

Today is Olivia's birthday.

Olivia invites her friends to her favorite restaurant.

They order food.

I would like the mushroom soup.

I would like the shrimp spaghetti.

I would like the grilled sausages.

I would like the pineapple pizza.

 하루 구문

I would like + 음식 이름.   저는 ~을 먹고 싶어요.

would like는 '~하고(갖고) 싶다'라는 뜻이에요. 뒤에 음식 이름이 오면
그 음식을 먹고 싶다는 뜻으로, 식당에서 주문할 때 많이 사용해요.

스파게티는 파스타의 한 종류로
얇고 긴 모양의 면을 말해요.

They wait and wait.

But the food is not ready yet.

 Please! We are so hungry!

정답 8쪽

 Let's Check

문장을 읽고 글의 내용과 일치하면 , 일치하지 않으면 에 동그라미 하세요.

1. Olivia invites her friends to her house.

2. One of her friends would like the mushroom soup. T F

3. The food is not ready yet.

Let's Practice 집중 연습

A 그림에 알맞은 단어가 되도록 알파벳을 바르게 배열하여 쓰세요.

1.

p o u s

_____

2.

s r i h p m

_____

3.

s h r m o m u o

_____

B 그림에 알맞은 단어를 보기 에서 골라 문장을 완성하세요.

보기   sausage   order   spaghetti

1.

They _____ food.

2.

I would like the _____ .

▶정답 8쪽

C 그림에 알맞은 문장을 완성하세요.

1.

        the grilled sausages.

저는 구운 소시지를 먹고 싶어요.

2.

        the shrimp spaghetti.

저는 새우 스파게티를 먹고 싶어요.

D 그림에 맞게 단어나 어구를 바르게 배열하여 문장을 쓰세요.

1.

(would like / the mushroom soup / I)

_____

저는 버섯 수프를 먹고 싶어요.

2.

(the pineapple pizza / I / like / would)

_____

저는 파인애플 피자를 먹고 싶어요.

도서관에서

도서 대출

At the Library

📦 재미있는 이야기로 오늘 읽을 글의 내용을 생각해 보세요.

New Words 오늘 배울 단어나 어구를 듣고 써 보세요.

search 검색하다, 찾다

check out 대출하다

library card 도서관 카드

drop 떨어뜨리다

find 찾다

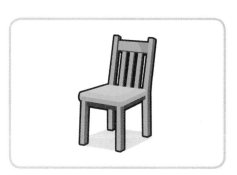

chair 의자

At the Library

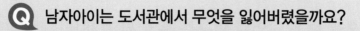 남자아이는 도서관에서 무엇을 잃어버렸을까요?

Excuse me. I'm looking for *The Little Prince*.

May I search for it on this computer?

Sure.

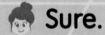

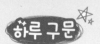

May I + 동사원형 ~?   제가 ~해도 될까요?

조동사 may는 허락과 요청의 의미를 가지고 있어요. 상대방에게 조심스
럽게 부탁하거나 허락을 구할 때, 의문문 May I ~?를 써요.

도서관에서 책을 빌릴 때는
check out이라는 표현을 쓰고, 돌려줄
때는 return이라는 표현을 써요.

May I check out this book?

Yes. Your library card, please.

Oops! I don't have it.
I think I dropped it.

Is this your library card?
I found it on a chair.

Yes! Thank you!

Let's Check

정답 9쪽

글의 내용과 일치하도록 괄호 안에서 알맞은 것을 골라 동그라미 하세요.

1. The boy is looking for a (book / computer).

2. The boy dropped his (bag / library card).

3. The girl found the boy's card on a (chair / desk).

Let's Practice 집중 연습

 A 그림에 알맞은 단어를 찾아 동그라미 한 후 빈칸에 쓰세요.

afiefindarosearchechfchairog

1.

2.

3.

B 그림에 알맞은 단어나 어구를 보기 에서 골라 문장을 완성하세요.
(필요한 경우 단어의 형태를 바꿔 쓰세요.)

| 보기 | check out | library card | drop |

1.

I ＿＿＿＿＿＿＿ my pencil.

2.

This is my ＿＿＿＿＿＿＿.

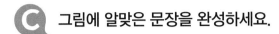

C 그림에 알맞은 문장을 완성하세요.

1.

[_____] [__] [_____] for it on that computer?

저 컴퓨터로 그것을 검색해도 되나요?

2.

[_____] [__] [_____] this book?

이 책을 대출해도 되나요?

D 그림에 맞게 단어나 어구를 바르게 배열하여 문장을 쓰세요.

1.

(these books / May / check out / I)

_____

이 책들을 대출해도 되나요?

2.

(I / search for / May / on this computer / the book)

_____

이 컴퓨터로 그 책을 검색해도 되나요?

박물관에서

At the Museum

📦 재미있는 이야기로 오늘 읽을 글의 내용을 생각해 보세요.

New Words 오늘 배울 단어를 듣고 써 보세요.

5

answer 답

photo 사진

video 비디오

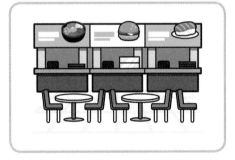

food court 푸드코트

know 알다

download 다운로드하다

At the Museum

ABC Museum FAQs

Please read the questions and answers below.

1. Can I bring my pet?

No, you can't.

2. Can I take photos and videos?

Yes, you can.

Can I + 동사원형 ~? 제가 ~할 수 있나요?

조동사 can도 may처럼 허락을 구할 때 사용할 수 있어요. 해도 되면 Yes, you can., 안 되면 No, you can't.로 대답해요.

조동사 can은 '할 수 있다'는 뜻의 능력이나 가능성을 나타내는 말이기도 해요.

3. Can I eat or drink in the museum?
No, but you can at our food court.

Do you want to know more
about the **ABC** Museum?
Download our museum app!

 Let's Check

문장을 읽고 글의 내용과 일치하면 , 일치하지 않으면 에 동그라미 하세요.

1. You can bring your pet to the museum.

2. You cannot drink at the food court. T F

3. You can take photos in the museum. T F

Let's Practice 집중 연습

 그림에 알맞은 단어를 찾아 동그라미 한 후 빈칸에 쓰세요.

1.

todownload

2.

fofphotond

3.

hdowvideog

B 그림에 알맞은 단어를 보기 에서 골라 문장을 완성하세요.

보기   answer   food court   know

1.

Do you want to _____ more?

2.

You can eat at our _____.

▶정답 10쪽

C 그림에 알맞은 문장을 완성하세요.

1.

_____ my pet?

제가 애완동물을 데려올 수 있나요?

2.

_____ in the museum?

제가 박물관에서 먹을 수 있나요?

D 그림에 맞게 단어나 어구를 바르게 배열하여 문장을 쓰세요.

1.

(in the museum / Can / drink / I)

_____

제가 박물관에서 마실 수 있나요?

2.

(I / take / Can / and videos / photos)

_____

제가 사진이나 비디오를 찍을 수 있나요?

나의 마을 위치

My Town

🎁 **재미있는 이야기로 오늘 읽을 글의 내용을 생각해 보세요.**

New Words　오늘 배울 단어나 어구를 듣고 써 보세요.

post office 우체국

next to ~ 옆에

hair salon 미용실

between ~ 사이에

supermarket 슈퍼마켓

in front of ~ 앞에

My Town

 여자아이의 마을에는 어떤 장소들이 있나요?

Look at this!

I created my town.

Do you see the brown building?

That is the post office.

It is next to the hair salon.

And the hair salon is between the supermarket and the post office.

There is a bus stop, too.

It is in front of the supermarket.

My town looks great!

하루 구문

next to ~	~ 옆에
in front of ~	~ 앞에
between ~ and ...	~와 … 사이에

사물이나 장소의 위치를 나타낼 때 쓰는 표현이에요.

미용실은 beauty shop이라고 말하기도 해요.

정답 11쪽

글의 내용과 일치하도록 빈칸에 알맞은 것을 고르세요.

1. The brown building is a _____.
   ⓐ supermarket   ⓑ post office   ⓒ hair salon

2. The bus stop is _____ the supermarket.
   ⓐ between   ⓑ next to   ⓒ in front of

Let's Practice 집중 연습

A 그림에 알맞은 단어가 되도록 알파벳을 바르게 배열하여 쓰세요.

1.

ospt fficoe

2.

ahir losna

3.

mkarteserpu

B 그림에 알맞은 단어나 어구를 보기 에서 골라 문장을 완성하세요.

보기　　next to　　between　　in front of

1.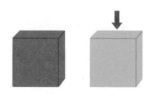

It is _____ the red box.

2.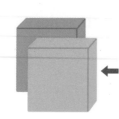

It is _____ the blue box.

C 그림에 알맞은 문장을 완성하세요.

1.

It is _____ the supermarket.

그것은 슈퍼마켓 앞에 있어.

2.

It is _____ the hair salon _____ the supermarket.

그것은 미용실과 슈퍼마켓 사이에 있어.

D 그림에 맞게 단어나 어구를 바르게 배열하여 문장을 쓰세요.

1.

(next to / It / the hair salon / is)

_____

그것은 미용실 옆에 있어.

2.

(the post office / The bus stop / in front of / is)

_____

버스 정류장은 우체국 앞에 있어.

비행기에서

On a plane 1~4일 복습

🎁 **재미있는 이야기로 오늘 읽을 글의 내용을 생각해 보세요.**

New Words 오늘 배울 단어를 듣고 써 보세요.

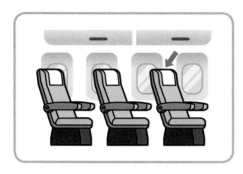

seat 좌석, 자리

mealtime 식사 시간

beef 소고기

lemonade 레모네이드

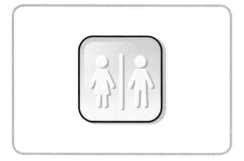

restroom 화장실

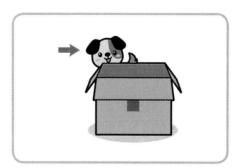

behind ~ 뒤에

On a Plane

Q 비행기에서 무슨 일이 있을까요?

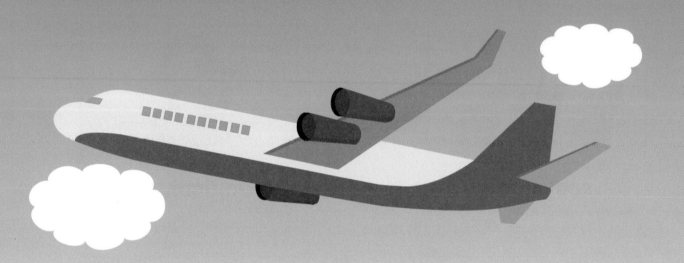

Welcome aboard.

May I see your ticket?

Here you are.

A42. Your seat is over there.

하루 구문

I would like + 음식 이름. 저는 ~을 먹고 싶어요.

May I + 동사원형 **~?** 제가 ~해도 될까요?

Can I + 동사원형 **~?** 제가 ~할 수 있나요?

next to ~, in front of ~, between ~ and ... ~ 옆에, ~ 앞에, ~와 … 사이에

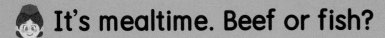 It's mealtime. Beef or fish?

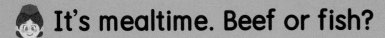 I would like beef.

Can I have some lemonade, too?

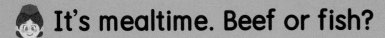 Of course.

 Excuse me.

Where is the restroom?

It is right behind your seat.

Thank you.

정답 12쪽

 Let's Check

글의 내용과 일치하도록 괄호 안에서 알맞은 것을 골라 동그라미 하세요.

1. The boy would like (beef / fish).

2. The boy wants some (orange juice / lemonade).

3. The restroom is (in front of / behind) the boy's seat.

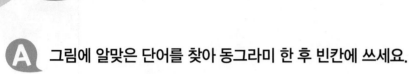

Let's Practice 집중 연습

A 그림에 알맞은 단어를 찾아 동그라미 한 후 빈칸에 쓰세요.

1.

j e s e a t b a l e

2.

h j f i e b e e f i

3.

i r e s t r o o m o g

B 그림에 알맞은 단어를 보기 에서 골라 문장을 완성하세요.

보기   lemonade   behind   mealtime

1.    It's _____.

2. 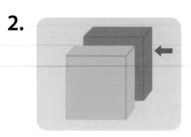   It's right _____ the yellow box.

▶정답 12쪽

C 그림에 알맞은 문장을 완성하세요.

1.

I _____ beef.

저는 소고기를 먹고 싶어요.

2.

_____ see your ticket?

티켓을 봐도 될까요?

D 그림에 맞게 단어나 어구를 바르게 배열하여 문장을 쓰세요.

1.

(your seat / is / It / right behind)

_____

그것은 당신의 좌석 바로 뒤에 있어요.

2.

(some lemonade / Can I / have)

_____

레모네이드 좀 마실 수 있나요?

1 단어에 알맞은 그림을 고르세요.

mushroom

①   ②

③   ④

2 그림에 알맞은 단어나 어구를 고르세요.

① behind
② next to
③ in front of
④ between

3 우리말에 맞게 빈칸에 알맞은 것을 고르세요.

제가 애완동물을 데려올 수 있나요?
_____ _____ bring my pet?

① Can I
② Do you
③ Am I
④ Can you

4 그림을 보고, 알맞은 문장의 기호를 쓰세요.

ⓐ May I check out this book?
ⓑ I would like the pineapple pizza.
ⓒ It is right behind your seat.

(1)    (2)

[5~6] 다음 글을 읽고, 물음에 답하세요.

Today is Olivia's birthday.

Olivia invites her friends to her favorite restaurant.

They order food.

 I would like the mushroom soup.

 I would like the shrimp spaghetti.

 저는 파인애플 피자를 먹고 싶어요.

They wait and wait.

But the food is not ready yet.

5 윗글의 밑줄 친 우리말에 맞게 문장을 완성하세요.

I _____ _____ the pineapple pizza.

6 윗글의 내용과 일치하지 <u>않는</u> 것을 고르세요.

① 오늘은 올리비아의 생일이다.

② 올리비아는 친구들을 집으로 초대했다.

③ 그들은 서로 다른 음식을 주문했다.

④ 음식은 아직 준비되지 않았다.

[7~8] 다음 글을 읽고, 물음에 답하세요.

Do you see the brown building?

That is the post office.

_____

And the hair salon is between the supermarket and the post office.

There is a bus stop, too

It is in front of the supermarket.

7 그림에 맞게 윗글의 빈칸에 알맞은 문장을 완성하세요.

It is _____ _____ the hair salon.

8 윗글에서 버스 정류장의 위치를 바르게 설명한 것을 고르세요.

① 미용실 옆

② 슈퍼마켓 앞

③ 우체국 뒤

④ 우체국과 슈퍼마켓 사이

배운 내용을 떠올리며 말판 놀이를 해 보세요.

START

1. 그림을 보고 알맞은 단어에 동그라미 하세요.

sausage

shrimp

3. 단어를 읽고 알맞은 우리말 뜻과 연결하세요.

chair · · 의자

photo · · 사진

2. 그림에 알맞은 단어를 완성하세요.

☐ ea ☐ ch

4. 그림을 보고 알파벳을 바르게 배열하여 단어를 쓰세요.

waners

→ _____

5. 그림과 단어가 일치하면 ○ 표, 일치하지 않으면 × 표 하세요.

우체국

hair salon ☐

8. 우리말에 알맞은 문장에 ✓ 표 하세요.

제가 사진이나 비디오를 찍을 수 있나요?

Can I drink in the museum? ☐

Can I take photos and videos? ☐

9. 그림과 문장이 일치하면 ○ 표, 일치하지 않으면 ✕ 표 하세요.

May I check out this book? ☐

7. 우리말에 맞게 문장을 완성하세요.

저는 피자를 먹고 싶어요.

_____ _____ _____ the pizza.

10. 우리말에 맞게 단어나 어구를 바르게 배열하여 문장을 쓰세요.

레모네이드 좀 마실 수 있나요?

(have / Can / some lemonade / I)

→ _____ ?

FINISH

6. 문장을 읽고 알맞은 그림에 동그라미 하세요.

It is next to the box.

A 풍선에 적힌 알파벳을 어떤 규칙에 따라 배열하면 단어가 만들어져요. 단서 를 보고 규칙을 찾아 단어를 쓰세요.

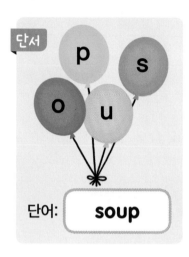

단서

단어: **soup**

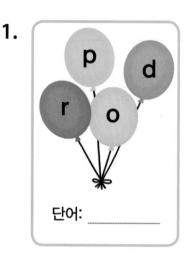

1.

단어: _____

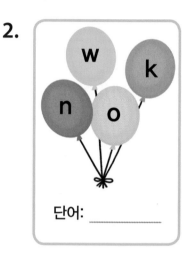

2.

단어: _____

B 도서관에서 볼 수 있는 물건이나 장소를 따라 가면 톡톡이가 도서관에 도착할 수 있어요. 돌멩이를 따라 선을 그어 보세요.

C 호그 집의 위치를 말하는 방법에는 여러 가지가 있어요. 힌트 를 사용하여 문장을 완성하세요.

힌트

next to   in front of   behind

1. My house is _____ the supermarket.

2. My house is _____ the bus stop.

3. My house is _____ the hair salon.

Step A 그림 단서를 보고 [보기]에서 알맞은 단어를 골라 퍼즐을 완성하세요.

[보기] lemonade seat behind restroom

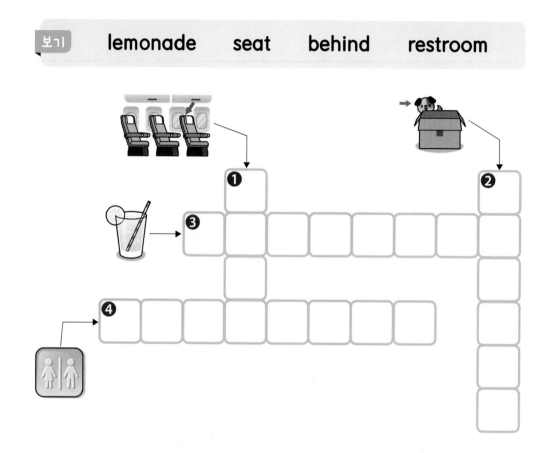

Step B Step A 의 단어를 사용하여 글을 완성하세요.

Welcome aboard. May I see your ticket?

Here you are.

A42. Your _____ is over there.

It's mealtime. Beef or fish?

I would like beef. Can I have some _____, too?

Of course.

Excuse me. Where is the _____?

It is right _____ your seat.

Thank you.

Step C

단서 를 보고 암호를 풀어 문장을 쓰세요.

단서

| ★ = some | ◈ = have | ♠ = I | ■ = is |
| ☆ = Can | ⊙ = behind | ○ = your | ◑ = It |

1. ◑ ■ right ⊙ ○ seat.

_____

그것은 네 좌석 바로 뒤에 있어.

2. ☆ ♠ ◈ ★ lemonade?

_____

레모네이드 좀 마실 수 있나요?

창의 서술형

✎ 여러분이 승무원과 호그라고 생각하고 비행기에서 나누는 대화를 완성하세요.

 It's meal time. _____ or _____?

 I would like _____. Can I have some _____, too?

 Of course.

 Excuse me. Where is the _____?

 It is right _____ your seat.

 Thank you.

3주에는 무엇을 공부할까? ❶

재미있는 이야기로 이번 주에 공부할 내용을 알아보세요.

A Healthy Life 건강한 생활

1일 I Have a Cold **2**일 We Got Sick! **3**일 A Healthy Life

4일 It's Survey Time **5**일 We Had the Flu

◉ 아래 그림을 보고 알맞은 단어를 연결해 보세요.

I have a + 증상. 나는 ~ 증상이 있어.

cough

fever

runny nose

B

◉ 여러분이 컴퓨터 게임을 얼마나 자주 하는지 ✔ 표 해 보세요.

I ~ play computer games. 나는 ~ 컴퓨터 게임을 해.

always

usually

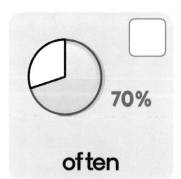

often

sometimes

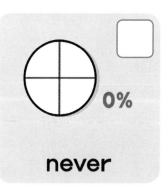

never

나는 감기에 걸렸어

감기 증상

I Have a Cold

🎁 **재미있는 이야기로 오늘 읽을 글의 내용을 생각해 보세요.**

New Words   오늘 배울 단어나 어구를 듣고 써 보세요.

feel well 건강 상태가 좋다

cold 감기

cough 기침

runny nose 콧물

sneeze 재채기하다

sorry 미안한

I Have a Cold

Q 남자아이는 어떻게 아플까요?

It was very cold yesterday.

I played outside all day long.

Mom said, "Stop playing and come inside!"

But I did not listen to her.

I have a + 증상. 나는 ~ 증상이 있어.

아파서 어떤 증상이 있다는 것을 표현을 할 때 동사 have를 써요. 그리고 증상 앞에는 대부분 관사 a를 붙여요.

> cough는 감기 걸렸을 때 기침이 콜록콜록 나는 걸 말하고, sneeze는 코가 간질간질하다가 재채기가 나오는 걸 말해요.

Now I don't feel well.

I have a cough.

I have a runny nose.

Achoo!

I sneezed.

Oh no! I have a cold.

Sorry, Mom!

정답 15쪽

Let's Check ✓

글의 내용과 일치하도록 괄호 안에서 알맞은 것을 골라 동그라미 하세요.

1. The boy played (inside / outside) all day long.

2. The boy (has / doesn't have) a cold.

3. The boy has a (fever / runny nose).

Let's Practice 집중 연습

 A 그림에 알맞은 단어가 되도록 알파벳을 바르게 배열하여 쓰세요.

1.

g h c u o

2.

r y s o r

3.

d o c l

B 그림에 알맞은 단어나 어구를 보기 에서 골라 문장을 완성하세요.

보기 feel well runny nose sneeze

1.

I _____d.

2.

I don't _____.

▶ 정답 15쪽

C 그림에 알맞은 문장을 완성하세요.

1.

_____ a cold.

나는 감기에 걸렸어.

2.

_____ a cough.

나는 기침이 나.

D 그림에 맞게 단어를 바르게 배열하여 문장을 쓰세요.

1.

(have / I / cold / a)

_____

나는 감기에 걸렸어.

2.

(runny nose / have / a / I)

_____

나는 콧물이 나.

우리는 아팠어! 　질병과 충고

We Got Sick!

📦 **재미있는 이야기로 오늘 읽을 글의 내용을 생각해 보세요.**

New Words 오늘 배울 단어나 어구를 듣고 써 보세요.

get some rest 휴식을 취하다

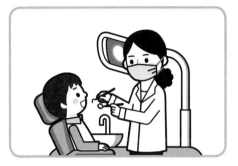

see a dentist 치과에 가다

take medicine 약을 먹다

headache 두통 (머리 아픔)

toothache 치통 (치아 아픔)

stomachache 복통 (배 아픔)

We Got Sick!

Q 아이들은 어디가 아플까요?

Today was a strange day.

My friends and I got sick.

We went to the nurse's office.

Amy

I have a headache.

You should get some rest.

하루 구문

You should + 동사원형 ~. 너는 ~해야 해.

조동사 should는 충고나 권유할 때 사용해요. 조동사 다음에는 동사원형이 나와요.

통증을 나타낼 때는 해당 부위 뒤에 -ache를 붙여서 써요. 두통(headache), 치통(toothache), 복통(stomachache)으로요.

I have a toothache.

You should see a dentist.

Lucas

DENTAL CLINIC

Jack

 I have a stomachache.

You should take this medicine.

At three o'clock, we suddenly got better.

How strange!

정답 16쪽

 Let's Check

문장을 읽고 글의 내용과 일치하면 T, 일치하지 않으면 F에 동그라미 하세요.

1. Amy and her friends were in the nurse's office.   T   F

2. Lucas should take the medicine.   T   F

3. At two o'clock, Amy and her friends got better.   T   F

Let's Practice 집중 연습

A 그림에 알맞은 단어를 찾아 동그라미 한 후 빈칸에 쓰세요.

> t o o t h a c h e h e o r s t o m a c h a c h e i h e h e a d a c h e a c

1.

2.

3.

B 그림에 알맞은 어구를 보기 에서 골라 문장을 완성하세요.

> 보기　　get some rest　　see a dentist　　take medicine

1.

You should _____.

2.

You should _____.

▶정답 16쪽

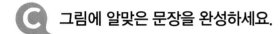 그림에 알맞은 문장을 완성하세요.

1.

a dentist.

넌 치과에 가야 해.

2.

this medicine.

넌 이 약을 먹어야 해.

 그림에 맞게 단어나 어구를 바르게 배열하여 문장을 쓰세요.

1.

(some rest / You / get / should)

_____

넌 쉬어야 해.

2.

(this medicine / take / should / You)

_____

넌 이 약을 먹어야 해.

건강한 생활

건강 습관

A Healthy Life

📦 재미있는 이야기로 오늘 읽을 글의 내용을 생각해 보세요.

New Words 오늘 배울 단어를 듣고 써 보세요.

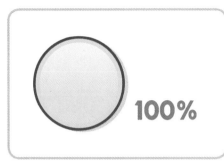

always 항상

_____

- - - - - - - - - - - - - - - - - - -

_____

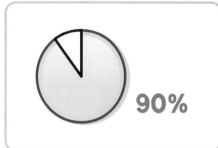

usually 보통, 대개

_____

- - - - - - - - - - - - - - - - - - -

_____

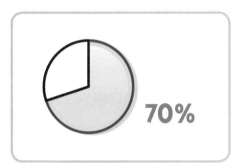

often 자주, 흔히

_____

- - - - - - - - - - - - - - - - - - -

_____

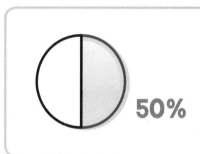

sometimes 때때로, 가끔

_____

- - - - - - - - - - - - - - - - - - -

_____

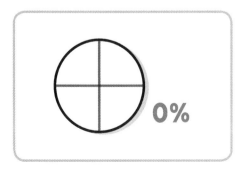

never 절대, 결코 (~ 않다)

_____

- - - - - - - - - - - - - - - - - - -

_____

junk food 정크 푸드

_____

- - - - - - - - - - - - - - - - - - -

_____

A Healthy Life

Q 누가 건강한 생활 습관을 지니고 있을까요?

100%

90%

70%

She always has breakfast.

She usually exercises at the park.

She often drinks water.

She sometimes watches videos on her phone.

She never eats snacks at night.

50%

0%

하루 구문

always 항상	**usually** 보통	**often** 자주
sometimes 때때로	**never** 절대	

어떤 일이 얼마나 자주 일어나는지 나타내는 부사를 빈도부사라고 해요.

빈도부사는
주로 일반동사 앞에 써요.

He always plays computer games.

He usually eats junk food.

He often stays up late at night.

He sometimes washes his hands.

He never eats vegetables.

정답 17쪽

Let's Check

글의 내용과 일치하도록 괄호 안에서 알맞은 것을 골라 동그라미 하세요.

1. The girl (usually / never) exercises at the park.

2. The boy (always / often) stays up late at night.

3. The boy never eats (junk food / vegetables).

Let's Practice 집중 연습

A 그림에 알맞은 단어를 찾아 동그라미 한 후 빈칸에 쓰세요.

1.

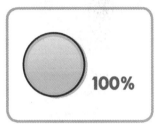

100%

ghasalways

2.

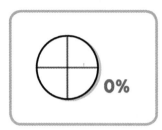

0%

dgneverigh

3.

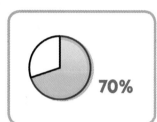

70%

oftengorhs

B 그림에 알맞은 단어를 보기 에서 골라 문장을 완성하세요.

보기   junk food   sometimes   usually

1.

He _____ drinks water.

2.

She eats _____.

▶정답 17쪽

C 그림에 알맞은 문장을 완성하세요.

1.

She   has breakfast.

그녀는 항상 아침을 먹어.

2.

He   eats vegetables.

그는 절대 야채를 먹지 않아.

D 그림에 맞게 단어나 어구를 바르게 배열하여 문장을 쓰세요.

1.

(plays / computer games / He / usually)

_____

그는 보통 컴퓨터 게임을 해.

2.

(at the park / She / exercises / sometimes)

_____

그녀는 때때로 공원에서 운동해.

설문 조사 시간이야

건강 설문 조사

It's Survey Time

🎁 **재미있는 이야기로 오늘 읽을 글의 내용을 생각해 보세요.**

New Words 오늘 배울 단어나 어구를 듣고 써 보세요.

survey (설문) 조사

brush one's teeth 이를 닦다

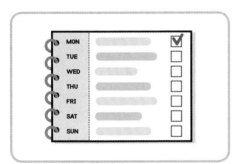

once 한 번

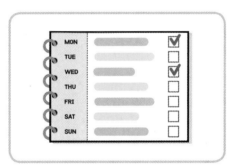

twice 두 번

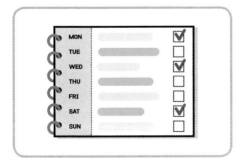

three times 세 번

week 일주일, 주

It's Survey Time

Q 무엇에 관한 설문 조사일까요?

This is a survey on healthy lifestyles.

Please check your answers.

Name: _Jina_ **Age:** _12_

Q1: How often do you brush your teeth?

☐ Once a day

☐ Twice a day

☑ Three times a day

하루 구문

How often ~? – Once / Twice ...
얼마나 자주 ~하니?　　한 번 / 두 번 …

얼마나 자주하는지 물어볼 때 쓰는 표현은 How often ~?이에요. 대답
은 한 번이면 once, 두 번이면 twice를 써요.

세 번 이상일 때는
숫자 단위 뒤에 – times를 붙이면
돼요. 세 번은 three times,
네 번은 four times로 써요.

Q2: How often do you exercise?

☐ Never

☐ Three times a week

☑ Five times a week

Q3: How often do you eat fast food?

☐ Every day

☑ Twice a month

☐ Four times a month

Let's Check

정답 18쪽

글의 내용과 일치하도록 빈칸에 알맞은 것을 고르세요.

1. Jina brushes her teeth _____ a day.

   ⓐ once   ⓑ twice   ⓒ three times

2. Jina _____ twice a month.

   ⓐ watches videos   ⓑ exercises   ⓒ eats fast food

Let's Practice 집중 연습

 그림에 알맞은 단어가 되도록 알파벳을 바르게 배열하여 쓰세요.

1.

k e e w

_____

2.

e y s r u v

_____

3.

e c o n

_____

B 그림에 알맞은 단어나 어구를 보기 에서 골라 문장을 완성하세요.

보기   **Brush one's teeth**   **Twice**   **Three times**

1.

_____ a day.

2.

_____ a week.

C 그림에 알맞은 문장을 완성하세요.

1.

I exercise 　　　　　 a week.

나는 일주일에 두 번 운동을 해.

2.

I brush my teeth 　　　　　　 a day.

나는 하루에 세 번 양치질을 해.

D 그림에 맞게 단어나 어구를 바르게 배열하여 문장을 쓰세요.

1.

(I / a week / eat / once / fast food)

_____

나는 일주일에 한 번 패스트푸드를 먹어.

2.

(four times / I / a month / exercise)

_____

나는 한 달에 네 번 운동을 해.

We Had the Flu

우리는 독감에 걸렸었어

1~4일 복습

📦 재미있는 이야기로 오늘 읽을 글의 내용을 생각해 보세요.

New Words 오늘 배울 단어나 어구를 듣고 써 보세요.

flu 독감

fever 열

tea 차

pumpkin 호박

get better 좋아지다, 나아지다

sore throat 인후통 (목 아픔)

We Had the Flu

Q 감기에 걸렸을 때 무엇을 해야 할까요?

My brother had the flu.

I was very worried.

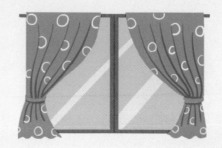

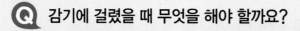 You should take this medicine three times a day.

You should often drink hot tea with honey.

하루 구문

I have a + 증상. 나는 ~ 증상이 있어.
You should + 동사원형 **~.** 너는 ~해야 해.
always, usually, often, sometimes, never 항상, 보통, 자주, 때때로, 절대
How often ~? – Once / Twice ... 얼마나 자주 ~하니? – 한 번 / 두 번 ...

 You should eat Grandma's pumpkin soup.
And don't play outside.

The next day, my brother got better.
But I got sick!
I had a sore throat and a high fever.

정답 19쪽

문장을 읽고 글의 내용과 일치하면 , 일치하지 않으면 F에 동그라미 하세요.

1. The girl was worried about her brother.

2. The girl's brother should often drink hot tea.

3. The girl had a runny nose.

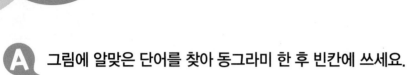

A 그림에 알맞은 단어를 찾아 동그라미 한 후 빈칸에 쓰세요.

1.

gipumpkinu

2.

htewteajha

3.

feverhevle

B 그림에 알맞은 단어나 어구를 보기 에서 골라 문장을 완성하세요.
(필요한 경우 단어의 형태를 바꿔 쓰세요.)

보기   flu   sore throat   get better

1.

My brother had the _____.

2.

My brother _____.

▶정답 19쪽

C 그림에 알맞은 문장을 완성하세요.

1.

a high fever.

나는 고열이 나.

2.

eat pumpkin soup.

너는 호박 수프를 먹어야 해.

D 그림에 맞게 단어나 어구를 바르게 배열하여 문장을 쓰세요.

1.

(with honey / You should / hot tea / drink)

_____

너는 꿀을 넣은 뜨거운 차를 마셔야 해.

2.

(a day / three times / Take / this medicine)

_____

이 약을 하루에 세 번 먹으렴.

1 단어에 알맞은 그림을 고르세요.

stomachache

①   ②

③   ④

2 그림에 알맞은 어구를 고르세요.

① see a dentist

② get some rest

③ take medicine

④ brush one's teeth

3 우리말에 맞게 빈칸에 알맞은 것을 고르세요.

그는 때때로 컴퓨터 게임을 해.

He _____ plays computer games.

① always

② sometimes

③ often

④ never

4 그림을 보고, 알맞은 문장의 기호를 쓰세요.

ⓐ I had a high fever.

ⓑ You should see a dentist.

ⓒ She always has breakfast.

(1)  (2)

[5~6] 다음 글을 읽고, 물음에 답하세요.

It was very cold yesterday.
I played outside all day long.

_____

I have a cough.
I have a runny nose.
Achoo!
I sneezed.
Oh no! I have a cold.

5 그림에 맞게 윗글의 빈칸에 알맞은 문장을 완성하세요.

Now I don't _____ _____.

6 윗글의 'I'의 증상이 <u>아닌</u> 것을 고르세요.

① cough
② sneeze
③ fever
④ runny nose

[7~8] 다음 글을 읽고, 물음에 답하세요.

My brother had the flu.

 You should take this medicine three times a day.
You should often drink hot tea with honey.
<u>너는 할머니의 호박 수프를 먹어야 해.</u>
And don't play outside.

The next day, my brother got better.

7 윗글의 밑줄 친 우리말에 맞게 알맞은 문장을 완성하세요.

_____ _____ _____
Grandma's pumpkin soup.

8 윗글에서 'I'가 남동생에게 하지 말아야 한다고 한 것을 고르세요.

① 꿀을 탄 뜨거운 차 마시기
② 할머니의 호박 수프 먹기
③ 하루 세 번 약 먹기
④ 밖에 나가 놀기

배운 내용을 떠올리며 말판 놀이를 해 보세요.

START

1. 그림을 보고 알맞은 단어에 동그라미 하세요.

pumpkin · lettuce

2. 그림에 알맞은 단어를 완성하세요.

s □ r □ e y

3. 단어를 읽고 알맞은 우리말 뜻과 연결하세요.

sneeze · · 열

fever · · 재채기하다

4. 그림을 보고 알파벳을 바르게 배열 하여 단어를 쓰세요.

tidesnt

→ _____

5. 그림과 단어가 일치하면 ○ 표, 일치하지 않으면 × 표 하세요.

twice □

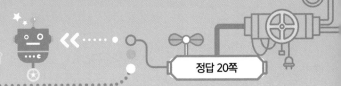

8. 우리말에 알맞은 문장에 ✓ 표 하세요.

난 때때로 패스트푸드를 먹어.

I always eat fast food. ☐

I sometimes eat fast food. ☐

9. 그림과 문장이 일치하면 ○ 표, 일치하지 않으면 × 표 하세요.

You should drink hot tea with honey. ☐

7. 우리말에 맞게 문장을 완성하세요.

넌 좀 쉬어야 해.

_____ _____ get some rest.

10. 우리말에 맞게 단어를 바르게 배열하여 문장을 쓰세요.

나는 콧물이 나.

(have / I / a / runny nose)

→ _____

6. 문장을 읽고 알맞은 그림에 동그라미 하세요.

I exercise three times a week.

FINISH

A 단서 를 보고 단어를 완성한 후, 색깔이 같은 네모 안의 알파벳을 모아 문장을 완성하세요.

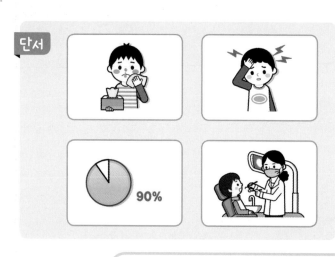

1. r u n n y n ☐ s e

2. h e a d a ☐ h e

3. u s u a l ☐ y

4. ☐ e n t i s t

I have a ☐ ☐ ☐ ☐ .

B 힌트 와 표를 보고 남자아이와 여자아이가 뭐라고 했을지 문장을 완성하세요.

힌트 **always** (100%) **usually** (90%) **often** (70%)
sometimes (50%) **never** (0%)

	SUN.	MON.	TUE.	WED.	THU.	FRI.	SAT.	%
I have breakfast.	✓	✓	✓	✓	✓	✓	✓	100
I exercise.	✓	✓		✓		✓	✓	71
I eat snacks.								0

I _____ have breakfast.　　I _____ eat snacks.

C 병원이 환자들로 붐비고 있어요. [힌트]를 보고 해당하는 증상을 지닌 환자를 찾아 환자
1은 동그라미, 환자 2는 세모, 환자 3은 네모로 표시한 후, 영어 문장을 완성하세요.

1.

I have a _____.

2.

I have a _____.

3.

I have a _____.

Step A

그림 단서를 보고 보기 에서 알맞은 단어를 골라 퍼즐을 완성하세요.

보기   fever   sore throat   flu   tea

❶ ❷ ❸

Step B

Step A 의 단어를 사용하여 글을 완성하세요.

My brother had the

_____.
I was very worried.

You should take this medicine three times a day.
You should often drink hot _____ with honey.

You should eat Grandma's pumpkin soup.
And don't play outside.

The next day, my brother got better.
But I got sick!
I had a _____
and a high _____.

Step C

단서를 보고 암호를 풀어 문장을 쓰세요.

단서
★ = You   ♠ = times   ◈ = How   ■ = take
⊙ = often   ☆ = should   ◐ = do   ○ = brush

1. ◈ ⊙ ◐ you ○ your teeth?

   _____

   너는 양치질을 몇 번이나 하니?

2. ★ ☆ ■ this medicine three ♠ a day.

   _____

   너는 하루에 세 번 이 약을 먹어야 해.

창의 서술형

✎ 호그가 독감에 걸린 누군가를 간호한다고 상상하며 글을 완성하세요.

My _____ had the flu.
 You should _____
_____ three
times a day.
You should drink _____
_____.

The next day, my _____
got better.
But I got sick!
I had a _____ and
a _____.

4주에는 무엇을 공부할까? ①

🎁 재미있는 이야기로 이번 주에 공부할 내용을 알아보세요.

Festivals 축제

1일 The Mud Festival   2일 La Tomatina   3일 A Light Festival

4일 A Water Festival   5일 Rio Carnival

Ⓐ

◉ 슈퍼마켓 가는 길을 설명할 때 필요한 표현에 모두 동그라미 하세요.

Where is the supermarket? 슈퍼마켓이 어디에 있니?

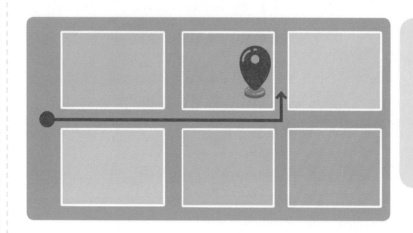

turn right

two blocks

go straight

turn left

B

◉ 여러분이 하고 싶은 일에 ✔ 표 해 보세요.

I feel like ~. 나는 ~을 하고 싶어.

dancing

painting

singing

cooling down
my body

머드 축제

The Mud Festival

길 찾기

📦 **재미있는 이야기로 오늘 읽을 글의 내용을 생각해 보세요.**

New Words 오늘 배울 단어나 어구를 듣고 써 보세요.

mud 진흙

_____

festival 축제

_____

marathon 마라톤

_____

go straight 직진하다

_____

block 블록, 구역

_____

turn right 오른쪽으로 꺾다

_____

The Mud Festival

Q 축제에 가기 전에 무슨 일이 있을까요?

Finally we are here!

Look at the mud festival poster.

What do you want to do?

I want to try the mud slide.

I also want to run in the mud marathon.

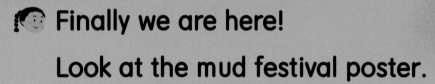

하루 구문

Where is ~? – Go straight.
~은 어디에 있어?　　직진해.

길을 물을 때는 의문사 Where를 사용해요. 대답할 때는 여러 가지 표현을 쓸 수 있어요. '직진하다'는 go straight, '꺾다'는 동사 turn을 사용해요.

'오른쪽(왼쪽)으로 꺾어.'는 Turn right(left).로 써요. 그리고 도로로 나뉘는 하나의 구역을 block이라고 해요.

Sounds interesting.

Anyway, I'm thirsty. Where is a supermarket?

Go straight two blocks and turn right.

How do you know that?

A smartphone knows everything!

정답 22쪽

Let's Check

글의 내용과 일치하도록 빈칸에 알맞은 것을 고르세요.

1. The boy and girl arrive at the _____.
   ⓐ supermarket   ⓑ festival   ⓒ playground

2. The boy should _____ two blocks and turn right.
   ⓐ across   ⓑ turn   ⓒ go straight

Let's Practice 집중 연습

 A 그림에 알맞은 단어를 찾아 동그라미 한 후 빈칸에 쓰세요.

> m u f e m a r a t h o n m o s m u d h f e f e s t i v a l u

1.

2.

3.

B 그림에 알맞은 단어나 어구를 보기 에서 골라 문장을 완성하세요.

> 보기   go straight   block   turn right

1.

Go straight two _____s.

2.

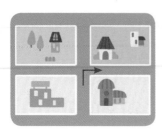

Go straight and _____.

▶정답 22쪽

C 그림에 알맞은 문장을 완성하세요.

1.

⬚⬚⬚⬚ ⬚⬚ a supermarket?

슈퍼마켓은 어디에 있어?

2.

⬚⬚⬚ ⬚⬚⬚⬚ two blocks.

두 블록 직진해.

D 그림에 맞게 단어나 어구를 바르게 배열하여 문장을 쓰세요.

1.

(turn right / Go / and / straight)

_____

직진해서 오른쪽으로 꺾어.

2.

(Where / the mud slide / is)

_____

진흙 미끄럼틀은 어디에 있어?

라 토마티나

토마토 축제

La Tomatina

🎁 재미있는 이야기로 오늘 읽을 글의 내용을 생각해 보세요.

New Words 오늘 배울 단어를 듣고 써 보세요.

famous 유명한

Spain 스페인

man 남자

truck 트럭

throw 던지다

street 길

La Tomatina

 사람들은 토마토로 무엇을 하고 있을까요?

Look at the people.

They look messy.

They are enjoying La Tomatina.

La Tomatina is a famous festival in Spain.

하루 구문 ✿

주어 + look / taste + 형용사.

···가 ~하게 보여. / 맛이 ~해.

look과 taste는 지각동사라고 부르며 뒤에 형용사가 와요. 주어가 3인칭 단수일 때는 동사 뒤에 s나 es를 붙여서 사용해요.

> Paella(파에야)라는 음식은 스페인의 전통 요리로 쌀, 고기, 해산물 등을 함께 볶은 볶음밥 같은 요리예요.

The men on the truck are throwing tomatoes.

Boys and girls in the street are having tomato fights.

The whole city looks red.

After the fights, many people eat paella.

It tastes fantastic.

정답 23쪽

Let's Check

글의 내용과 일치하도록 괄호 안에서 알맞은 것을 골라 동그라미 하세요.

1. La Tomatina is a famous (festival / movie) in Spain.

2. Boys and girls in the (street / pool) are having tomato fights.

3. The whole city looks (blue / red).

Let's Practice 집중 연습

A 그림에 알맞은 단어가 되도록 알파벳을 바르게 배열하여 쓰세요.

1.

p S a n i

2.

n m a

3.

c k u t r

B 그림에 알맞은 단어를 보기 에서 골라 문장을 완성하세요.

보기　　street　　throw　　famous

1.

The girls are on the _____.

2.

The men are _____ing tomatoes.

▶정답 23쪽

 그림에 알맞은 문장을 완성하세요.

1.

They _____ .

그들은 지저분해 보여.

2.

It _____ .

그것은 맛이 환상적이야.

그림에 맞게 단어나 어구를 바르게 배열하여 문장을 쓰세요.

1.

(good / It / tastes)

_____

그것은 맛이 좋아.

2.

(red / The whole city / looks)

_____

도시 전체가 빨갛게 보여.

빛 축제
A Light Festival

디왈리 축제

🎁 **재미있는 이야기로 오늘 읽을 글의 내용을 생각해 보세요.**

New Words　오늘 배울 단어나 어구를 듣고 써 보세요.

turn on ~을 켜다

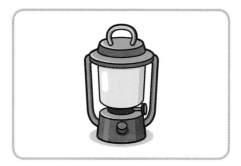

lantern 랜턴

light ~ (불을) 붙이다

sand 모래

colorful (색이) 다채로운

firework 불꽃놀이

A Light Festival

Q 이 축제에서 사람들은 무엇을 할까요?

Diwali is a festival of lights in India.

People in India give thanks to their gods.

They turn on lanterns.

And they light candles.

Look! How beautiful!

하루 구문

How + 형용사! 정말 ~해!

의문사 How 뒤에 형용사가 오면 '정말 ~해!'라는 뜻의 감탄문이 되고, '멋지다, 아름답다' 등의 감정을 표현하는 문장이에요. 문장 맨 뒤에는 느낌표(!)가 와요.

인도 사람들은 디왈리에 집 안 구석구석을 청소하고 불을 밝히는데, 그래야 신이 찾아온다고 믿기 때문이에요.

They also decorate their floors.
They use sand and powder.
Look! How colorful!

Many people enjoy the festival together.
Wait! The fireworks are starting!
How amazing!

Let's Check

정답 24쪽

글의 내용과 일치하도록 괄호 안에서 알맞은 것을 골라 동그라미 하세요.

1. Diwali is a festival of (lights / water) in India.

2. People in India light (sand / candles).

3. People decorate their floors with (water / powder).

Let's Practice 집중 연습

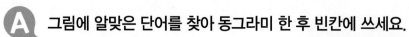

A 그림에 알맞은 단어를 찾아 동그라미 한 후 빈칸에 쓰세요.

1.

`focolorful`

2.

`gelighthil`

3.

`klanternan`

B 그림에 알맞은 단어나 어구를 보기 에서 골라 문장을 완성하세요.

보기   firework   turn on   sand

1.

They use _____ and powder.

2.

The _____s start.

▶ 정답 24쪽

C 그림에 알맞은 문장을 완성하세요.

1.

_____ amazing!

정말 굉장해!

2.

_____ colorful!

정말 색이 화려해!

D 그림에 맞게 단어를 바르게 배열하여 문장을 쓰세요.

1.

(wonderful / How)

_____

정말 멋져!

2.

(How / beautiful)

_____

정말 아름다워!

물 축제

송끄란 축제

A Water Festival

🎁 **재미있는 이야기로 오늘 읽을 글의 내용을 생각해 보세요.**

New Words 오늘 배울 단어나 어구를 듣고 써 보세요.

humid 습한

cool down ~을 식히다

Thailand 태국

take place 개최되다

splash 끼얹다, 튀기다

water gun 물총

A Water Festival

Q 아이들은 무엇을 하고 있을까요?

It is hot and humid.

You feel like cooling down your body.

You feel like having fun, too.

Then, come to Thailand and

join the Songkran Festival.

하루 구문

주어 **+ feel like +** 동사원형**ing ~.** …는 ~하고 싶다.

feel like 뒤에는 명사 또는 동사원형ing의 형태가 올 수 있어요. 동사원형에 ing가 붙은 것을 동명사라고 해요.

'너 ~하고 싶니?'라는 의문문은 Do you feel like+동사원형ing ~?로 써요.

Songkran is a water festival in Thailand.

It takes place in April every year.

People splash water on each other.

Do you feel like joining this festival?

Bring a water gun!

Let's Check ✓

정답 25쪽

문장을 읽고 글의 내용과 일치하면 T, 일치하지 않으면 F에 동그라미 하세요.

1. Songkran is a water festival in Thailand.　　T　F

2. Songkran takes place in March.　　T　F

3. People splash water on each other.　　T　F

Let's Practice 집중 연습

 그림에 알맞은 단어가 되도록 알파벳을 바르게 배열하여 쓰세요.

1.

s l a p h s

2.

d m h i u

3.

a i l T h d n a

 그림에 알맞은 단어나 어구를 보기 에서 골라 문장을 완성하세요.

보기   cool down   water gun   take place

1.

Bring a _____.

2.

It _____ s _____ in April.

▶정답 25쪽

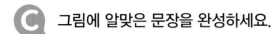 그림에 알맞은 문장을 완성하세요.

1.

You ▢▢▢ ▢▢▢ ▢▢▢▢▢▢ fun.

넌 재미있게 놀고 싶구나.

2.

You ▢▢▢ ▢▢▢ ▢▢▢▢▢ your body.

넌 몸을 식히고 싶구나.

 그림에 맞게 단어나 어구를 바르게 배열하여 문장을 쓰세요.

1.

(this festival / Do you / joining / feel like)

_____

넌 이 축제에 참가하고 싶니?

2.

(cooling down / You / your body / feel like)

_____

넌 몸을 식히고 싶구나.

똑똑한 하루

5일
Reading

리우 카니발
Rio Carnival 1~4일 복습

🎁 재미있는 이야기로 오늘 읽을 글의 내용을 생각해 보세요.

New Words 오늘 배울 단어나 어구를 듣고 써 보세요.

Brazil 브라질

carnival 카니발, 축제

parade 퍼레이드, 행진

costume 의상

hurry 서두름

turn left 왼쪽으로 꺾다

Rio Carnival

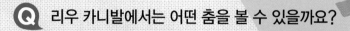

Q 리우 카니발에서는 어떤 춤을 볼 수 있을까요?

Hello, everyone!

I'm at the Rio Carnival in Brazil.

Look at the carnival parade.

How fancy!

하루 구문

Where is ~? – Go straight. ~이 어디에 있니?　직진해.	주어 + **look / taste** + 형용사. …가 ~하게 보여. / 맛이 ~해.
How + 형용사! 정말 ~해!	주어 + **feel like** + 동사원형**ing** ~. …는 ~하고 싶어.

There are many dancers.

They are wearing colorful costumes and dancing the samba.

They look fantastic.

I feel like dancing the samba, too!

Where is the restroom?
I'm in a hurry!

Cross the street
and turn left.

Let's Check

정답 26쪽

글의 내용과 일치하도록 빈칸에 알맞은 것을 고르세요.

1. Rio Carnival is a festival in _____ .
   ⓐ Brazil   ⓑ Spain   ⓒ Thailand

2. Many dancers are wearing _____ costumes.
   ⓐ messy   ⓑ colorful   ⓒ famous

Let's Practice 집중 연습

 그림에 알맞은 단어를 찾아 동그라미 한 후 빈칸에 쓰세요.

huryhurryndcostumepadefparadef

1.

2.

3.

 그림에 알맞은 단어나 어구를 보기 에서 골라 문장을 완성하세요.

보기 　　turn left　　carnival　　Brazil

1.

I'm at the Rio Carnival in _____.

2.

Cross the street and _____.

▶정답 26쪽

C 그림에 알맞은 문장을 완성하세요.

1.

They _____ .

그들은 환상적으로 보여.

2.

_____ is the restroom?

화장실이 어디에 있나요?

D 그림에 맞게 단어나 어구를 바르게 배열하여 문장을 쓰세요.

1.

(I / the samba / dancing / feel like)

_____

나는 삼바 춤을 추고 싶어.

2.

(turn left / and / the street / Cross)

_____

길을 건너서 왼쪽으로 꺾어.

1 단어에 알맞은 그림을 고르세요.

festival

①  ②

③  ④

2 그림에 알맞은 단어를 고르세요.

① famous
② firework
③ lantern
④ humid

3 우리말에 맞게 빈칸에 알맞은 것을 고르세요.

슈퍼마켓이 어디에 있어?
_____ _____ a supermarket?

① When is
② What is
③ Where is
④ Who is

4 그림을 보고, 알맞은 문장의 기호를 쓰세요.

ⓐ Go straight two blocks.
ⓑ How amazing!
ⓒ The whole city looks red.

(1)  (2)

[5~6] 다음 글을 읽고, 물음에 답하세요.

Finally we are here!
Look at the mud festival poster.
What do you want to do?
I want to try the mud slide.
Sounds interesting.
Anyway, I'm thirsty. Where is a supermarket?
두 블록 직진해서 오른쪽으로 꺾어.

5 윗글의 밑줄 친 우리말에 맞게 문장을 완성하세요.

_____ _____ two blocks and
_____ _____.

6 윗글을 읽고 알 수 <u>없는</u> 것을 고르세요.

① 여자아이와 남자아이가 있는 장소
② 여자아이가 하고 싶은 것
③ 남자아이가 앞으로 할 일
④ 화장실의 위치

[7~8] 다음 글을 읽고, 물음에 답하세요.

It is hot and humid.

_____

Then, come to Thailand and join the Songkran Festival.
It takes place in April every year.
People splash water on each other.
Do you feel like joining this festival?

7 그림에 맞게 윗글의 빈칸에 알맞은 문장을 완성하세요.

You _____ _____ _____
_____ your body.

8 윗글의 내용과 일치하지 <u>않는</u> 것을 고르세요.

① 날씨가 덥고 습하다.
② 송끄란은 인도의 축제이다.
③ 송끄란은 매년 4월에 열린다.
④ 사람들은 서로에게 물을 끼얹는다.

배운 내용을 떠올리며 말판 놀이를 해 보세요.

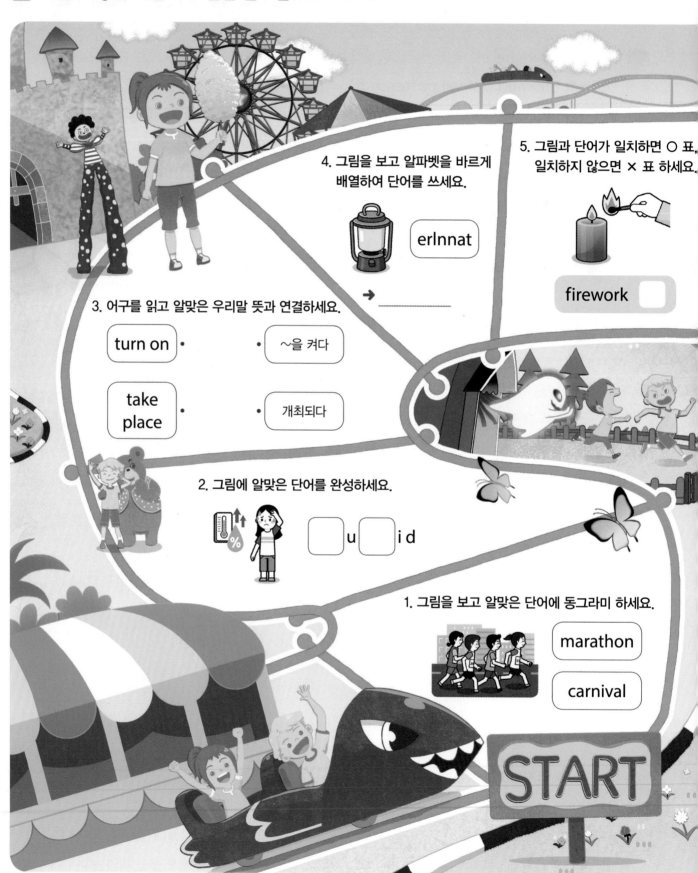

5. 그림과 단어가 일치하면 ○ 표, 일치하지 않으면 × 표 하세요.

firework ☐

4. 그림을 보고 알파벳을 바르게 배열하여 단어를 쓰세요.

erlnnat

→ _____

3. 어구를 읽고 알맞은 우리말 뜻과 연결하세요.

turn on •   • ~을 켜다

take place •   • 개최되다

2. 그림에 알맞은 단어를 완성하세요.

☐ u ☐ i d

1. 그림을 보고 알맞은 단어에 동그라미 하세요.

marathon

carnival

START

문장을 읽고 알맞은 그림에 동그라미 하세요.

How colorful!

7. 우리말에 맞게 문장을 완성하세요.

넌 재미있게 놀고 싶구나.

You _____ _____ _____ fun.

8. 우리말에 알맞은 문장에 ✓ 표 하세요.

그들은 지저분해 보여.

They look messy. ☐

They taste fantastic. ☐

9. 그림과 문장이 일치하면 ○ 표, 일치 하지 않으면 × 표 하세요.

Where is the mud slide? ☐

0. 우리말에 맞게 단어나 어구를 바르게 배열하여 문장을 쓰세요.

직진해서 오른쪽으로 꺾어.

(straight / turn right / Go / and)

→ _____

A 톡톡이가 말하는 알파벳을 순서대로 빙고판에 표시하여 한 줄 빙고를 만든 후, 완성된 단어를 쓰세요.

x	k	p	y	d
n	c	j	i	z
e	o	m	g	w
s	u	f	r	l
h	v	b	q	a

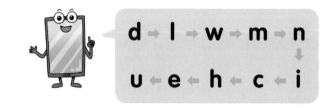
d → l → w → m → n
u ← e ← h ← c ← i

B 합쳤을 때 사각형이 되는 도형끼리 연결한 후, 그림에 알맞은 단어나 어구를 쓰세요.

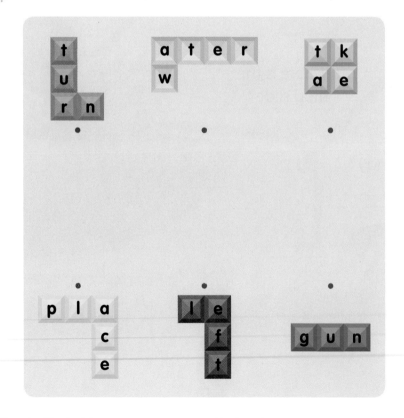

t
u
r n

a t e r
w

t k
a e

p l a c e
c
e

l e
f
t

g u n

1.

2.

3.

C 우리말에 맞게 문장을 쓸 때 필요하지 않은 것에 동그라미 한 후, 동그라미 한 단어로 문장을 완성하세요.

1.
슈퍼마켓이 어디에 있니?

Where   is

a   Go

supermarket?

2.
그 도시 전체가 빨갛게 보여.

The   block

whole

city   looks

red.

3.
넌 즐거운 시간을 보내고 싶어.

You   feel

straight   having

like   fun.

4.
정말 멋지고 아름답다!

How   and

amazing

beautiful!   one

 _____ and turn left.

Step A 그림 단서를 보고 보기 에서 알맞은 단어를 골라 퍼즐을 완성하세요.

보기   costume   hurry   carnival   parade

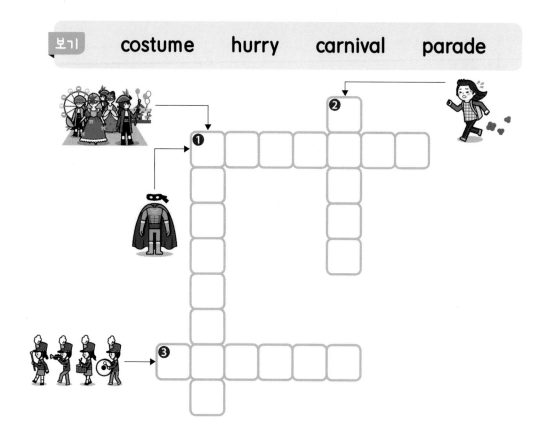

Step B Step A 의 단어를 사용하여 글을 완성하세요. (필요한 경우 첫 글자를 대문자로 쓰세요.)

Hello, everyone!

I'm at the Rio _____ in Brazil.

Look at the _____.

How fancy!

There are many dancers.

They are wearing colorful _____s and dancing the samba.

They look fantastic.

I feel like dancing the samba, too!

Where is the restroom? I'm in a _____!

Cross the street and turn left.

Step C

단서 를 보고 암호를 풀어 문장을 쓰세요.

단서
◈ = I ★ = like ☆ = street ■ = dancing
♠ = left ○ = turn ◑ = feel ◇ = Cross

1. ◈ ◑ ★ ■ the samba.

_____

나는 삼바 춤을 추고 싶어.

2. ◇ the ☆ and ○ ♠.

_____

길을 건너서 왼쪽으로 꺾어.

창의 서술형

🖊 여러분이 어떤 축제에서 무엇을 할지 상상하며 글을 완성하세요.

Hello, everyone!
I'm at the _____ .
Look at the _____ .
How _____ !

People are _____
_____ .
I feel like _____ .
The city looks _____ .

1주 1일

- [ ] **shopping mall** 쇼핑몰
- [ ] **tomorrow** 내일
- [ ] **pasta** 파스타
- [ ] **flower shop** 꽃가게
- [ ] **rose** 장미
- [ ] **cool** 멋진

1주 2일

- [ ] **storm** 폭풍우가 치다
- [ ] **weekend** 주말
- [ ] **Chinese** 중국어
- [ ] **ice hockey** 아이스하키
- [ ] **volleyball** 배구
- [ ] **go diving** 다이빙하러 가다

1주 3일

- [ ] **holiday** 휴일
- [ ] **parents** 부모님
- [ ] **barbecue** 바비큐하다
- [ ] **campfire** 캠프파이어
- [ ] **forest** 숲
- [ ] **careful** 조심하는

1주 4일

- [ ] **lettuce** 상추
- [ ] **healthy** 건강한
- [ ] **trip** 여행
- [ ] **England** 영국
- [ ] **palace** 궁전
- [ ] **stadium** 경기장

1주 5일

- [ ] **news** 뉴스, 소식
- [ ] **shooting star** 별똥별
- [ ] **rooftop** 옥상
- [ ] **telescope** 망원경
- [ ] **need** 필요하다
- [ ] **sleeping bag** 침낭

2주 1일

- [ ] **order**
  주문하다
- [ ] **mushroom**
  버섯
- [ ] **soup**
  수프
- [ ] **shrimp**
  새우
- [ ] **spaghetti**
  스파게티
- [ ] **sausage**
  소시지

2주 2일

- [ ] **search**
  검색하다, 찾다
- [ ] **check out**
  대출하다
- [ ] **library card**
  도서관 카드
- [ ] **drop**
  떨어뜨리다
- [ ] **find**
  찾다
- [ ] **chair**
  의자

2주 3일

- [ ] **answer**
  답
- [ ] **photo**
  사진
- [ ] **video**
  비디오
- [ ] **food court**
  푸드코트
- [ ] **know**
  알다
- [ ] **download**
  다운로드하다

2주 4일

- [ ] **post office**
  우체국
- [ ] **next to**
  ~ 옆에
- [ ] **hair salon**
  미용실
- [ ] **between**
  ~ 사이에
- [ ] **supermarket**
  슈퍼마켓
- [ ] **in front of**
  ~ 앞에

2주 5일

- [ ] **seat**
  좌석, 자리
- [ ] **mealtime**
  식사 시간
- [ ] **beef**
  소고기
- [ ] **lemonade**
  레모네이드
- [ ] **restroom**
  화장실
- [ ] **behind**
  ~ 뒤에

3주 1일

☐ **feel well** 건강 상태가 좋다	☐ **cold** 감기
☐ **cough** 기침	☐ **runny nose** 콧물
☐ **sneeze** 재채기하다	☐ **sorry** 미안한

3주 2일

☐ **get some rest** 휴식을 취하다	☐ **see a dentist** 치과에 가다
☐ **take medicine** 약을 먹다	☐ **headache** 두통 (머리 아픔)
☐ **toothache** 치통 (치아 아픔)	☐ **stomachache** 복통 (배 아픔)

3주 3일

☐ **always** 항상	☐ **usually** 보통, 대개
☐ **often** 자주, 흔히	☐ **sometimes** 때때로, 가끔
☐ **never** 절대, 결코 (~ 않다)	☐ **junk food** 정크 푸드

3주 4일

☐ **survey** (설문) 조사	☐ **brush one's teeth** 이를 닦다
☐ **once** 한 번	☐ **twice** 두 번
☐ **three times** 세 번	☐ **week** 일주일, 주

3주 5일

☐ **flu** 독감	☐ **fever** 열
☐ **tea** 차	☐ **pumpkin** 호박
☐ **get better** 좋아지다, 나아지다	☐ **sore throat** 인후통 (목 아픔)

4주 1일

- [ ] **mud**
  진흙
- [ ] **festival**
  축제
- [ ] **marathon**
  마라톤
- [ ] **go straight**
  직진하다
- [ ] **block**
  블록, 구역
- [ ] **turn right**
  오른쪽으로 꺾다

4주 2일

- [ ] **famous**
  유명한
- [ ] **Spain**
  스페인
- [ ] **man**
  남자
- [ ] **truck**
  트럭
- [ ] **throw**
  던지다
- [ ] **street**
  길

4주 3일

- [ ] **turn on**
  ～을 켜다
- [ ] **lantern**
  랜턴
- [ ] **light**
  ～ (불을) 붙이다
- [ ] **sand**
  모래
- [ ] **colorful**
  (색이) 다채로운
- [ ] **firework**
  불꽃놀이

4주 4일

- [ ] **humid**
  습한
- [ ] **cool down**
  ～을 식히다
- [ ] **Thailand**
  태국
- [ ] **take place**
  개최되다
- [ ] **splash**
  끼얹다, 튀기다
- [ ] **water gun**
  물총

4주 5일

- [ ] **Brazil**
  브라질
- [ ] **carnival**
  카니발, 축제
- [ ] **parade**
  퍼레이드, 행진
- [ ] **costume**
  의상
- [ ] **hurry**
  서두름
- [ ] **turn left**
  왼쪽으로 꺾다

memo

나는 그 누구보다도 실수를 많이 한다.
그리고 그 실수들 대부분에서
특허를 받아낸다.

I make more mistakes than anybody
and get a patent from those mistakes.

토마스 에디슨

실수는 '이제 난 안돼, 끝났어'라는 의미가 아니에요.
성공에 한 발자국 가까이 다가갔으니, 더 도전해보면 성공할 수 있다는
메시지랍니다. 그러니 실수를 두려워하지 마세요.

뭘 좋아할지 몰라 다 준비했어♥
전과목 교재

전과목 시리즈 교재

● 무등생 해법시리즈
– 국어/수학	1~6학년, 학기용
– 사회/과학	3~6학년, 학기용
– 봄·여름/가을·겨울	1~2학년, 학기용
– SET(전과목/국수, 국사과)	1~6학년, 학기용

● 무등생 전과
– 국어/수학/봄·여름(1학기)/가을·겨울(2학기)	1~2학년, 학기용
– 국어/수학/사회/과학	3~6학년, 학기용

● 똑똑한 하루 시리즈
– 똑똑한 하루 독해	예비초~6학년, 총 14권
– 똑똑한 하루 글쓰기	예비초~6학년, 총 14권
– 똑똑한 하루 어휘	예비초~6학년, 총 14권
– 똑똑한 하루 수학	1~6학년, 학기용
– 똑똑한 하루 계산	1~6학년, 학기용
– 똑똑한 하루 사고력	1~6학년, 학기용
– 똑똑한 하루 도형	1~6단계, 총 6권
– 똑똑한 하루 사회/과학	3~6학년, 학기용
– 똑똑한 하루 Voca	3~6학년, 학기용
– 똑똑한 하루 Reading	초3~초6, 학기용
– 똑똑한 하루 Grammar	초3~초6, 학기용
– 똑똑한 하루 Phonics	예비초~초등, 총 8권

영어 교재

● 초등영어 교과서 시리즈
파닉스(1~4단계)	3~6학년, 학년용
회화(입문1~2, 1~6단계)	3~6학년, 학기용
영단어(1~4단계)	3~6학년, 학년용

● 셀파 English(어휘/회화/문법)
3~6학년

● Reading Farm(Level 1~4)
3~6학년

● Grammar Town(Level 1~4)
3~6학년

● LOOK BOOK 영단어
3~6학년, 단행본

● 원서 읽는 LOOK BOOK 영단어
3~6학년, 단행본

● 멘토 Story Words
2~6학년, 총 6권

매일매일
쌓이는
영어 기초력

1주
1일

1일 Reading

At the Mall 쇼핑몰에서

여자아이는 쇼핑몰에서 무엇을 할까요?
파스타 먹기, 꽃 사기, 책 사기

There is a new shopping mall in my town.
I will visit there tomorrow.
마을에 새로운 쇼핑몰이 생겼어.
나는 내일 그곳을 방문할 거야.

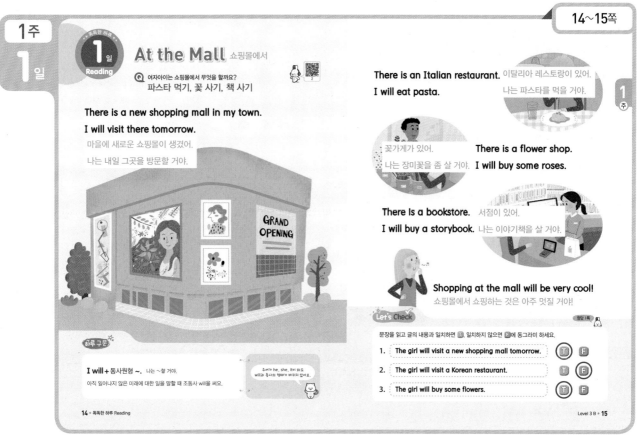

하루 구문

I will + 동사원형 ~. 나는 ~할 거야.
아직 일어나지 않은 미래에 대한 일을 말할 때 조동사 will을 써요.

주어가 he, she, it이 와도
will과 동사의 형태가 바뀌지 않아요.

There is an Italian restaurant. 이탈리아 레스토랑이 있어.
I will eat pasta. 나는 파스타를 먹을 거야.

꽃가게가 있어.
나는 장미꽃을 좀 살 거야.
There is a flower shop.
I will buy some roses.

There is a bookstore. 서점이 있어.
I will buy a storybook. 나는 이야기책을 살 거야.

Shopping at the mall will be very cool!
쇼핑몰에서 쇼핑하는 것은 아주 멋질 거야!

Let's Check 정답 1쪽

문장을 읽고 글의 내용과 일치하면 T, 일치하지 않으면 F에 동그라미 하세요.

1. The girl will visit a new shopping mall tomorrow. (T) F
2. The girl will visit a Korean restaurant. T (F)
3. The girl will buy some flowers. (T) F

1일 Reading

Let's Practice 집중 연습

▶정답 1쪽

A 그림에 알맞은 단어가 되도록 알파벳을 바르게 배열하여 쓰세요.

1. a p a t s → **pasta**
2. e o r s → **rose**
3. o l c o → **cool**

B 그림에 알맞은 단어를 보기에서 골라 문장을 완성하세요.

보기 shopping mall   tomorrow   flower shop

1. There is a **shopping mall**

2. I will visit there **tomorrow**.

C 그림에 알맞은 문장을 완성하세요.

1. **I will eat** pasta.
나는 파스타를 먹을 거야.

2. **I will buy** some roses.
나는 장미 몇 송이를 살 거야.

D 그림에 맞게 단어나 어구를 바르게 배열하여 문장을 쓰세요.

1. (visit there / I / tomorrow / will)
I will visit there tomorrow.
나는 내일 그곳을 방문할 거야.

2. (a storybook / I / will / buy)
I will buy a storybook.
나는 이야기책을 살 거야.

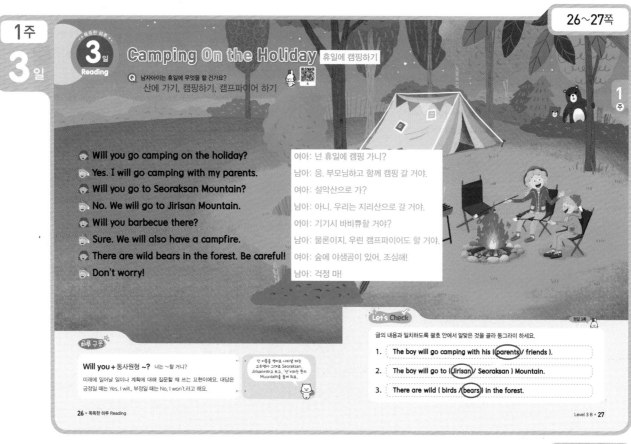

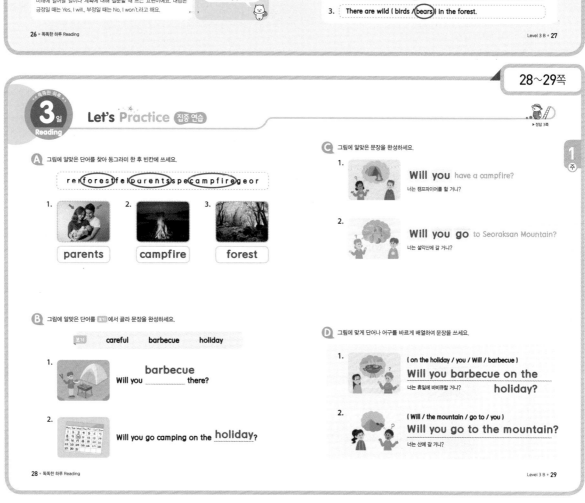

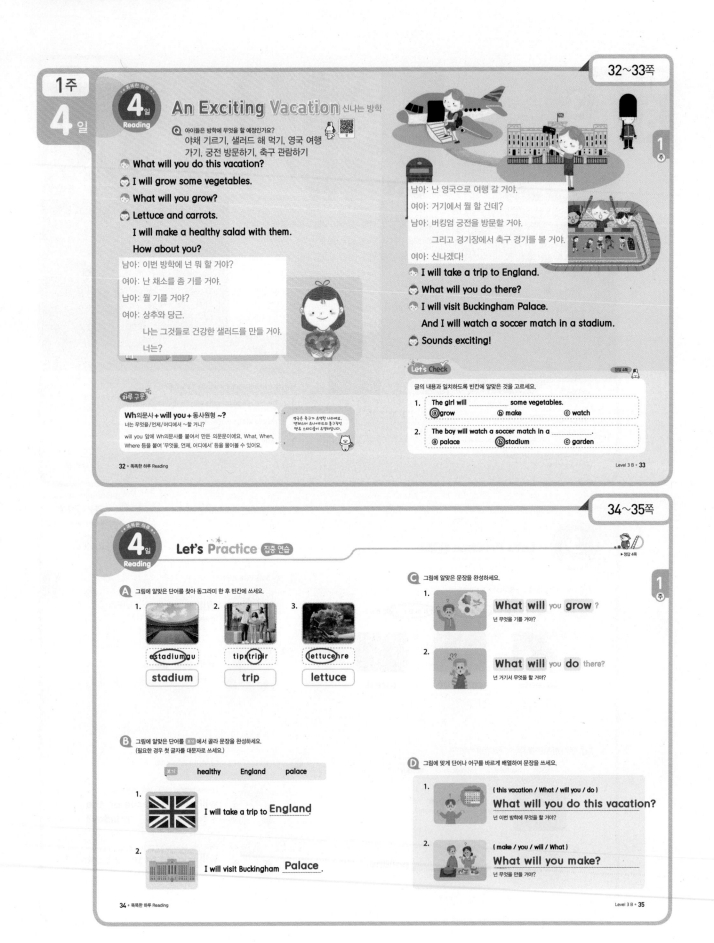

1주
4일

4일 Reading An Exciting Vacation 신나는 방학

Q 아이들은 방학에 무엇을 할 예정인가요?
야채 기르기, 샐러드 해 먹기, 영국 여행
가기, 궁전 방문하기, 축구 관람하기

What will you do this vacation?

I will grow some vegetables.

What will you grow?

Lettuce and carrots.

I will make a healthy salad with them.

How about you?

남아: 이번 방학에 넌 뭐 할 거야?
여아: 난 채소를 좀 기를 거야.
남아: 뭘 기를 거야?
여아: 상추와 당근.
　　나는 그것들로 건강한 샐러드를 만들 거야.
　　너는?

남아: 난 영국으로 여행 갈 거야.
여아: 거기에서 뭘 할 건데?
남아: 버킹엄 궁전을 방문할 거야.
　　그리고 경기장에서 축구 경기를 볼 거야.
여아: 신나겠다!

I will take a trip to England.

What will you do there?

I will visit Buckingham Palace.

And I will watch a soccer match in a stadium.

Sounds exciting!

하루 구문

Wh의문사 + will you + 동사원형 ~?
너는 무엇을/언제/어디에서 ~할 거니?

will you 앞에 Wh의문사를 붙여서 만든 의문문이에요. What, When,
Where 등을 붙여 '무엇을, 언제, 어디에서' 등을 물어볼 수 있어요.

영국은 축구가 유명한 나라예요.
멤버스터 유나이티드의 홍구구의
맨유 스타디움이 유명하답니다.

Let's Check

글의 내용과 일치하도록 빈칸에 알맞은 것을 고르세요.

1. The girl will _____ some vegetables.
　ⓐ grow　　ⓑ make　　ⓒ watch

2. The boy will watch a soccer match in a _____.
　ⓐ palace　　ⓑ stadium　　ⓒ garden

4일 Reading Let's Practice 집중 연습

▶정답 4쪽

A 그림에 알맞은 단어를 찾아 동그라미 한 후 빈칸에 쓰세요.

1. estadiumgu → **stadium**
2. tipntripir → **trip**
3. lettucehre → **lettuce**

B 그림에 알맞은 단어를 보기 에서 골라 문장을 완성하세요.
(필요한 경우 첫 글자를 대문자로 쓰세요.)

보기 healthy　England　palace

1. I will take a trip to **England**.

2. I will visit Buckingham **Palace**.

C 그림에 알맞은 문장을 완성하세요.

1. **What will** you **grow** ?
넌 무엇을 기를 거야?

2. **What will** you **do** there?
넌 거기서 무엇을 할 거야?

D 그림에 맞게 단어나 어구를 바르게 배열하여 문장을 쓰세요.

1. (this vacation / What / will you / do)
What will you do this vacation?
넌 이번 방학에 무엇을 할 거야?

2. (make / you / will / What)
What will you make?
넌 무엇을 만들 거야?

4 · 정답

정답

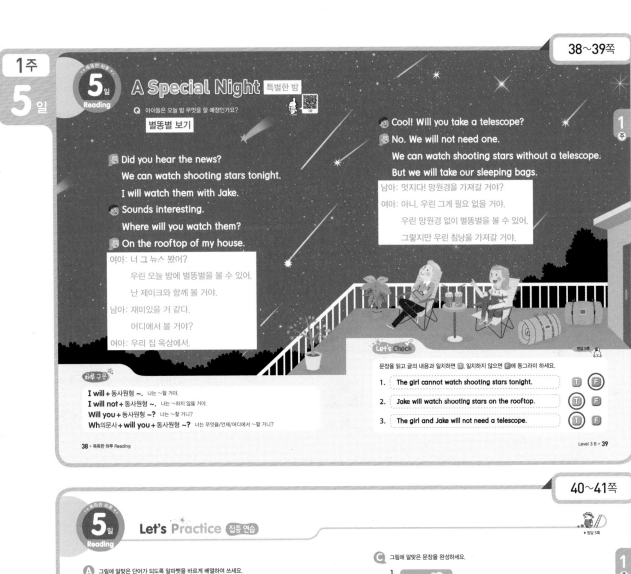

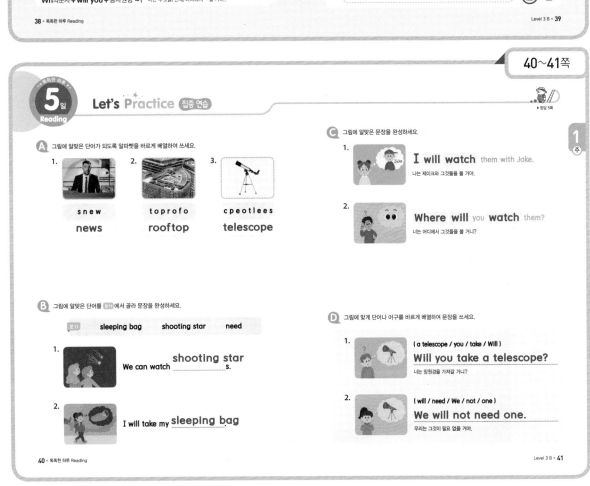

1주

특강

1주 누구나 100점 TEST

맞은 개수 /8개
▶정답 6쪽

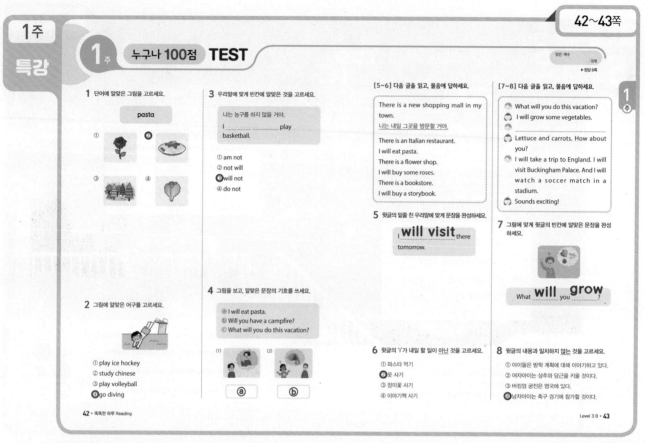

1 단어에 알맞은 그림을 고르세요.

pasta

① ② ③ ④

2 그림에 알맞은 어구를 고르세요.

① play ice hockey
② study chinese
③ play volleyball
④ go diving

3 우리말에 맞게 빈칸에 알맞은 것을 고르세요.

나는 농구를 하지 않을 거야.
I _____ _____ play basketball.

① am not
② not will
③ will not
④ do not

4 그림을 보고, 알맞은 문장의 기호를 쓰세요.

ⓐ I will eat pasta.
ⓑ Will you have a campfire?
ⓒ What will you do this vacation?

(1) ⓐ (2) ⓑ

[5~6] 다음 글을 읽고, 물음에 답하세요.

There is a new shopping mall in my town.
나는 내일 그곳을 방문할 거야.

There is an Italian restaurant.
I will eat pasta.
There is a flower shop.
I will buy some roses.
There is a bookstore.
I will buy a storybook.

5 윗글의 밑줄 친 우리말에 맞게 문장을 완성하세요.

I will visit there tomorrow.

6 윗글의 'I'가 내일 할 일이 아닌 것을 고르세요.

① 파스타 먹기
② 옷 사기
③ 장미꽃 사기
④ 이야기책 사기

[7~8] 다음 글을 읽고, 물음에 답하세요.

😀 What will you do this vacation?
😊 I will grow some vegetables.
😀 Lettuce and carrots. How about you?
😊 I will take a trip to England. I will visit Buckingham Palace. And I will watch a soccer match in a stadium.
😀 Sounds exciting!

7 그림에 맞게 윗글의 빈칸에 알맞은 문장을 완성하세요.

What will you grow ?

8 윗글의 내용과 일치하지 않는 것을 고르세요.

① 아이들은 방학 계획에 대해 이야기하고 있다.
② 여자아이는 상추와 당근을 키울 것이다.
③ 버킹엄 궁전은 영국에 있다.
④ 남자아이는 축구 경기에 참가할 것이다.

1주 특강 창의 · 융합 · 코딩 ❶ Brain Game Zone

▶정답 6쪽

배운 내용을 떠올리며 말판 놀이를 해 보세요.

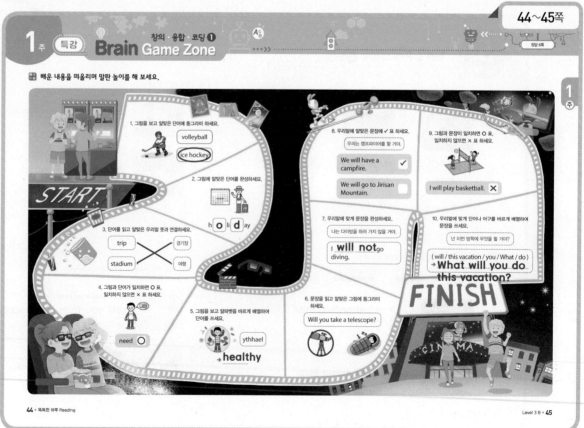

1. 그림을 보고 알맞은 단어에 동그라미 하세요.
volleyball / (ice hockey)

2. 그림에 알맞은 단어를 완성하세요.
h o li d ay

3. 단어를 읽고 알맞은 우리말 뜻과 연결하세요.
trip — 경기장
stadium — 여행

4. 그림과 단어가 일치하면 O 표, 일치하지 않으면 X 표 하세요.
need O

5. 그림을 보고 알파벳을 바르게 배열하여 단어를 쓰세요.
ythhael → healthy

6. 문장을 읽고 알맞은 그림에 동그라미 하세요.
Will you take a telescope?

8. 우리말에 알맞은 문장에 ✓ 표 하세요.
우리는 캠프파이어를 할 거야.
We will have a campfire. ✓
We will go to Jirisan Mountain.

9. 그림과 문장이 일치하면 O 표, 일치하지 않으면 X 표 하세요.
I will play basketball. X

7. 우리말에 맞게 문장을 완성하세요.
나는 다이빙을 하러 가지 않을 거야.
I will not go diving.

10. 우리말에 맞게 단어나 어구를 바르게 배열하여 문장을 쓰세요.
넌 이번 방학에 무엇을 할 거야?
(will / this vacation / you / What / do)
→ What will you do this vacation?

FINISH

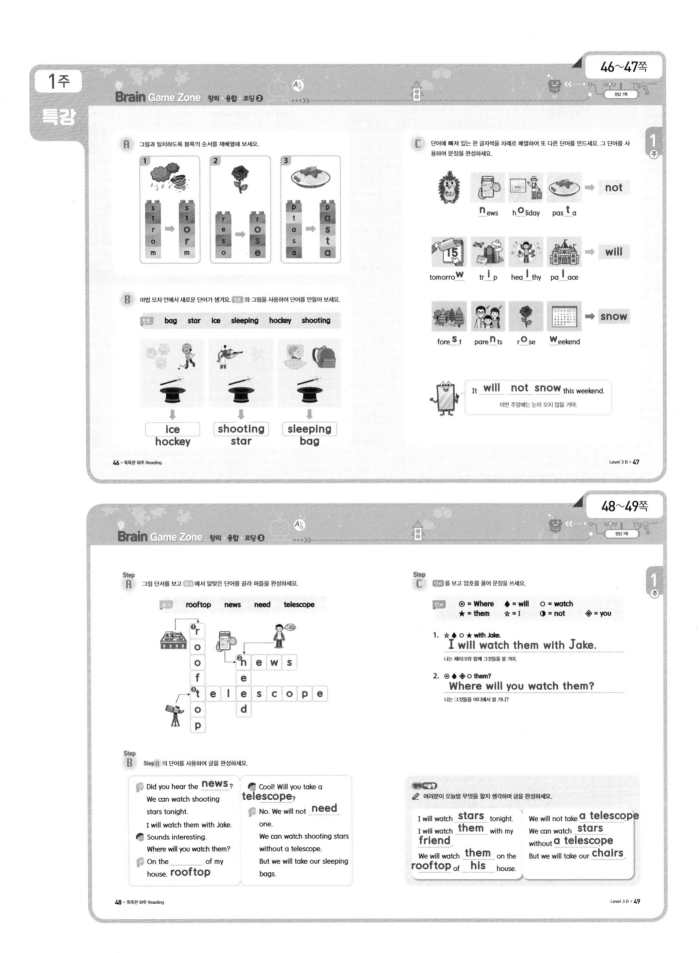

1주 특강

Brain Game Zone 창의·융합·코딩 ❷

정답 7쪽

A 그림과 일치하도록 블록의 순서를 재배열해 보세요.

B 마법 모자 안에서 새로운 단어가 생겨요. 보기 와 그림을 사용하여 단어를 만들어 보세요.

보기 bag star ice sleeping hockey shooting

ice hockey

shooting star

sleeping bag

C 단어에 빠져 있는 한 글자씩을 차례로 배열하여 또 다른 단어를 만드세요. 그 단어를 사용하여 문장을 완성하세요.

n ₑws h ᵒliday pas t a → **not**

tomorro ʷ tr ⁱ p hea ˡ thy pa ˡ ace → **will**

fore ˢ t pare ⁿ ts r ᵒ se ʷ eekend → **snow**

It **will** **not** **snow** this weekend.
이번 주말에는 눈이 오지 않을 거야.

46 · 똑똑한 하루 Reading

Level 3 B · 47

Brain Game Zone 창의·융합·코딩 ❸

정답 7쪽

Step A 그림 단서를 보고 보기 에서 알맞은 단어를 골라 퍼즐을 완성하세요.

보기 rooftop news need telescope

Step B Step A 의 단어를 사용하여 글을 완성하세요.

Did you hear the **news**?
We can watch shooting stars tonight.
I will watch them with Jake.

Sounds interesting.
Where will you watch them?

On the _____ of my house. **rooftop**

Cool! Will you take a **telescope**?

No. We will not **need** one.
We can watch shooting stars without a telescope.
But we will take our sleeping bags.

Step C 단서 를 보고 암호를 풀어 문장을 쓰세요.

단서 ⊙ = Where ♠ = will ○ = watch
★ = them ☆ = I ◑ = not ◈ = you

1. ☆ ♠ ○ ★ with Jake.
I will watch them with Jake.
나는 제이크와 함께 그것들을 볼 거야.

2. ⊙ ♠ ◈ ○ them?
Where will you watch them?
너는 그것들을 어디에서 볼 거니?

창의 서술형
여러분이 오늘밤 무엇을 할지 생각하며 글을 완성하세요.

I will watch **stars** tonight.
I will watch **them** with my **friend**
We will watch **them** on the **rooftop** of **his** house.

We will not take **a telescope**
We can watch **stars** without **a telescope**
But we will take our **chairs**

48 · 똑똑한 하루 Reading

Level 3 B · 49

2주

1일 Reading

Birthday Party 생일파티

Q 아이들은 무엇을 먹고 싶을까요?
수프, 스파게티, 소시지, 피자

오늘은 올리비아의 생일입니다.

올리비아는 가장 좋아하는 레스토랑으로 친구들을 초대했어요.

Today is Olivia's birthday.

Olivia invites her friends to her favorite restaurant.

They order food.   아이들은 음식을 주문합니다.

I would like the mushroom soup.   올리비아: 전 버섯 수프가 먹고 싶어요.

I would like the shrimp spaghetti.   남아1:   전 새우 스파게티가 먹고 싶어요.

I would like the grilled sausages.   여아1:   전 구운 소시지가 먹고 싶어요.

I would like the pineapple pizza.   남아2:   전 파인애플 피자가 먹고 싶어요.

하루 구문

I would like + 음식 이름. 저는 ~을 먹고 싶어요.

would like는 '~하고(갖고) 싶다'라는 뜻이에요. 뒤에 음식 이름이 오면 그 음식을 먹고 싶다는 뜻으로, 식당에서 주문할 때 많이 사용해요.

They wait and wait.

But the food is not ready yet.

Please! We are so hungry!

아이들은 기다리고 기다립니다.

그렇지만 음식은 아직 준비되지 않았어요.

모두: 제발요! 우린 너무 배고파요!

Check

문장을 읽고 글의 내용과 일치하면 T, 일치하지 않으면 F에 동그라미 하세요.

1. Olivia invites her friends to her house.   T Ⓕ

2. One of her friends would like the mushroom soup. T Ⓕ

3. The food is not ready yet.   Ⓣ F

1일 Reading

Let's Practice 집중 연습

▶정답 8쪽

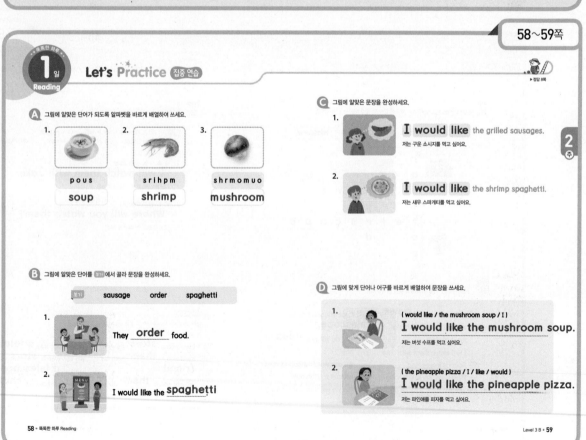

Ⓐ 그림에 알맞은 단어가 되도록 알파벳을 바르게 배열하여 쓰세요.

1. pous — **soup**

2. srihpm — **shrimp**

3. shrmomuo — **mushroom**

Ⓑ 그림에 알맞은 단어를 보기에서 골라 문장을 완성하세요.

보기   sausage   order   spaghetti

1. They __order__ food.

2. I would like the **spaghetti**

Ⓒ 그림에 알맞은 문장을 완성하세요.

1. **I would like** the grilled sausages.
저는 구운 소시지를 먹고 싶어요.

2. **I would like** the shrimp spaghetti.
저는 새우 스파게티를 먹고 싶어요.

Ⓓ 그림에 맞게 단어나 어구를 바르게 배열하여 문장을 쓰세요.

1. (would like / the mushroom soup / I)
I would like the mushroom soup.
저는 버섯 수프를 먹고 싶어요.

2. (the pineapple pizza / I / like / would)
I would like the pineapple pizza.
저는 파인애플 피자를 먹고 싶어요.

2주

2일

2일 Reading

At the Library 도서관에서

Q 남자아이는 도서관에서 무엇을 잃어버렸을까요?
도서관 카드

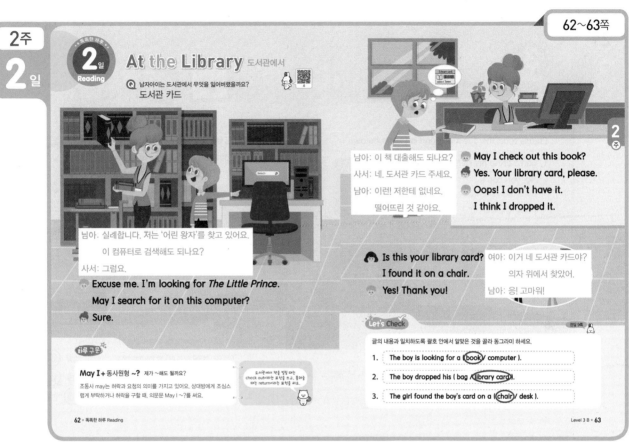

남아: 이 책 대출해도 되나요?
사서: 네, 도서관 카드 주세요.
남아: 이런! 저한테 없네요.
　　떨어뜨린 것 같아요.

May I check out this book?
Yes. Your library card, please.
Oops! I don't have it.
I think I dropped it.

남아. 실례합니다. 저는 '어린 왕자'를 찾고 있어요.
　　이 컴퓨터로 검색해도 되나요?
사서: 그럼요.

Excuse me. I'm looking for *The Little Prince*.
May I search for it on this computer?
Sure.

Is this your library card?
I found it on a chair.
Yes! Thank you!

여아: 이거 네 도서관 카드야?
　　의자 위에서 찾았어.
남아: 응! 고마워!

하루 구문

May I + 동사원형 ~? 제가 ~해도 될까요?
조동사 may는 허락과 요청의 의미를 가지고 있어요. 상대방에게 조심스럽게 부탁하거나 허락을 구할 때, 의문문 May I ~?를 써요.

도서관에서 책을 빌릴 때는 check out이라는 표현을 쓰고, 돌려줄 때는 return이라는 표현을 써요.

Let's Check
정답 9쪽

글의 내용과 일치하도록 괄호 안에서 알맞은 것을 골라 동그라미 하세요.

1. The boy is looking for a (**book** / computer).
2. The boy dropped his (bag / **library card**).
3. The girl found the boy's card on a (**chair** / desk).

62 · 똑똑한 하루 Reading　　　　Level 3 B · 63

2일 Reading

Let's Practice 집중 연습
▶정답 9쪽

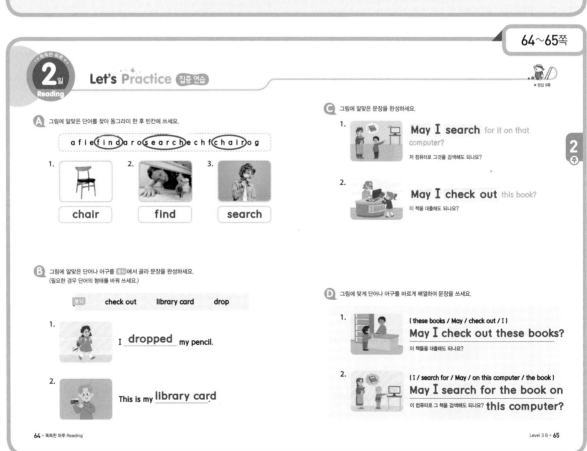

A 그림에 알맞은 단어를 찾아 동그라미 한 후 빈칸에 쓰세요.

a f i e **f i n d** a r o **s e a r c h** e c h f **c h a i r** o g

1. **chair**
2. **find**
3. **search**

B 그림에 알맞은 단어나 어구를 보기 에서 골라 문장을 완성하세요.
(필요한 경우 단어의 형태를 바꿔 쓰세요.)

보기　check out　library card　drop

1. I **dropped** my pencil.
2. This is my **library card**

C 그림에 알맞은 문장을 완성하세요.

1. **May I search** for it on that computer?
저 컴퓨터로 그것을 검색해도 되나요?

2. **May I check out** this book?
이 책을 대출해도 되나요?

D 그림에 맞게 단어나 어구를 바르게 배열하여 문장을 쓰세요.

1. (these books / May / check out / I)
May I check out these books?
이 책들을 대출해도 되나요?

2. (I / search for / May / on this computer / the book)
May I search for the book on this computer?
이 컴퓨터로 그 책을 검색해도 되나요?

64 · 똑똑한 하루 Reading　　　　Level 3 B · 65

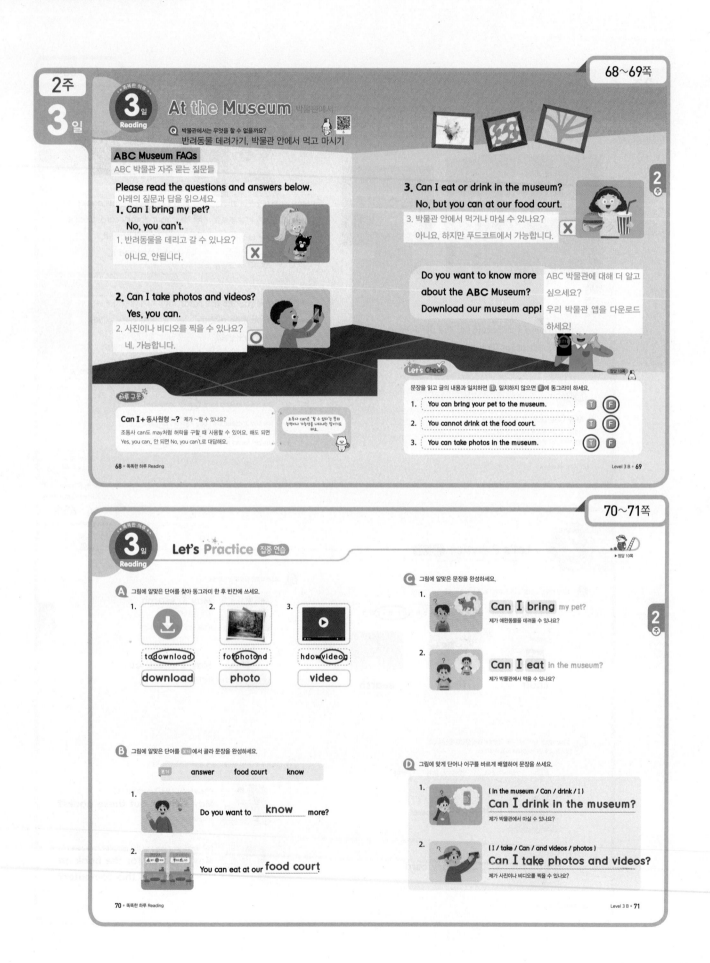

2주

4일

4일 Reading

My Town 나의 마을

Q 여자아이의 마을에는 어떤 장소들이 있나요?
우체국, 미용실, 슈퍼마켓, 버스 정류장

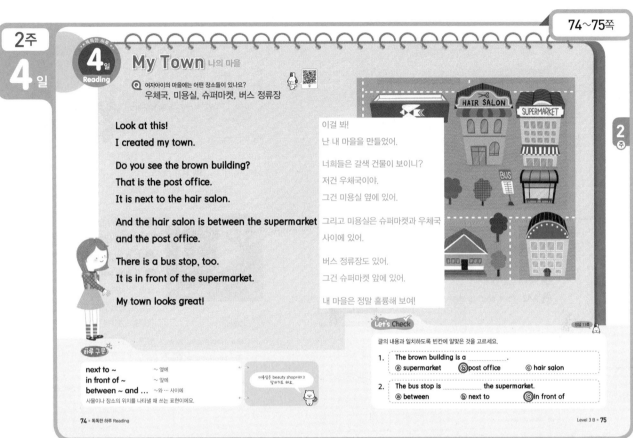

Look at this!
I created my town.

Do you see the brown building?
That is the post office.
It is next to the hair salon.

And the hair salon is between the supermarket
and the post office.

There is a bus stop, too.
It is in front of the supermarket.

My town looks great!

이걸 봐!
난 내 마을을 만들었어.

너희들은 갈색 건물이 보이니?
저건 우체국이야.
그건 미용실 옆에 있어.

그리고 미용실은 슈퍼마켓과 우체국
사이에 있어.

버스 정류장도 있어.
그건 슈퍼마켓 앞에 있어.

내 마을은 정말 훌륭해 보여!

하루 구문

next to ~ ~ 옆에
in front of ~ ~ 앞에
between ~ and ... ~와 … 사이에
사물이나 장소의 위치를 나타낼 때 쓰는 표현이에요.

미용실은 beauty shop이라고 말하기도 해요.

Let's Check
정답 11쪽

글의 내용과 일치하도록 빈칸에 알맞은 것을 고르세요.

1. The brown building is a _____.
   ⓐ supermarket   ⓑ post office   ⓒ hair salon

2. The bus stop is _____ the supermarket.
   ⓐ between   ⓑ next to   ⓒ in front of

74 ▸ 똑똑한 하루 Reading

Level 3 B ▸ 75

4일 Reading

Let's Practice 집중 연습

▸ 정답 11쪽

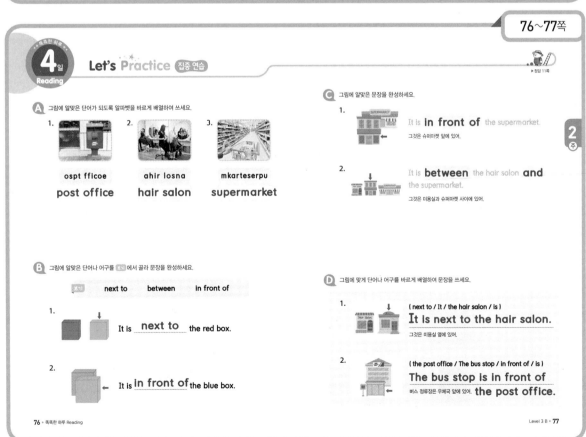

A 그림에 알맞은 단어가 되도록 알파벳을 바르게 배열하여 쓰세요.

1. ospt fficoe → **post office**
2. ahir losna → **hair salon**
3. mkarteserpu → **supermarket**

C 그림에 알맞은 문장을 완성하세요.

1. It is **in front of** the supermarket.
   그것은 슈퍼마켓 앞에 있어.

2. It is **between** the hair salon **and** the supermarket.
   그것은 미용실과 슈퍼마켓 사이에 있어.

B 그림에 알맞은 단어나 어구를 보기 에서 골라 문장을 완성하세요.

보기 next to   between   in front of

1. It is **next to** the red box.

2. It is **in front of** the blue box.

D 그림에 맞게 단어나 어구를 바르게 배열하여 문장을 쓰세요.

1. (next to / It / the hair salon / is)
   It is next to the hair salon.
   그것은 미용실 옆에 있어.

2. (the post office / The bus stop / in front of / is)
   The bus stop is in front of the post office.
   버스 정류장은 우체국 앞에 있어.

76 ▸ 똑똑한 하루 Reading

Level 3 B ▸ 77

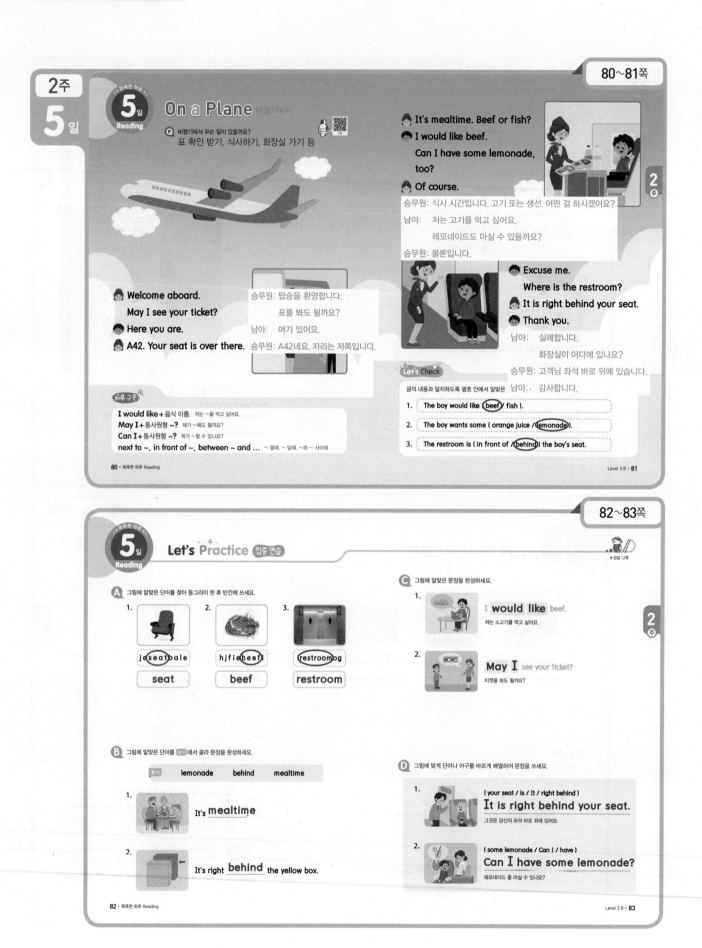

2주
5일
Reading

5일 Reading
On a Plane 비행기에서

Q 비행기에서 무슨 일이 있을까요?
표 확인 받기, 식사하기, 화장실 가기 등

Welcome aboard.
May I see your ticket?
Here you are.
A42. Your seat is over there.

승무원: 탑승을 환영합니다.
　　　표를 봐도 될까요?
남아:　여기 있어요.
승무원: A42네요. 자리는 저쪽입니다.

It's mealtime. Beef or fish?
I would like beef.
Can I have some lemonade, too?
Of course.

승무원: 식사 시간입니다. 고기 또는 생선, 어떤 걸 하시겠어요?
남아:　저는 고기를 먹고 싶어요.
　　　레모네이드도 마실 수 있을까요?
승무원: 물론입니다.

Excuse me.
Where is the restroom?
It is right behind your seat.
Thank you.

남아:　실례합니다.
　　　화장실이 어디에 있나요?
승무원: 고객님 좌석 바로 뒤에 있습니다.
남아:　감사합니다.

하루 구문
I would like+음식 이름. 저는 ~을 먹고 싶어요.
May I+동사원형 ~? 제가 ~해도 될까요?
Can I+동사원형 ~? 제가 ~할 수 있나요?
next to ~, in front of ~, between ~ and ... ~ 옆에, ~ 앞에, ~와 … 사이에

Let's Check
글의 내용과 일치하도록 괄호 안에서 알맞은

1. The boy would like ((beef) / fish).
2. The boy wants some (orange juice / (lemonade)).
3. The restroom is (in front of / (behind)) the boy's seat.

5일 Reading
Let's Practice 집중 연습

▶정답 12쪽

A 그림에 알맞은 단어를 찾아 동그라미 한 후 빈칸에 쓰세요.

1. jeseatbale → **seat**
2. hjfiebeefi → **beef**
3. restroomog → **restroom**

B 그림에 알맞은 단어를 보기에서 골라 문장을 완성하세요.

보기　lemonade　behind　mealtime

1. It's **mealtime**
2. It's right **behind** the yellow box.

C 그림에 알맞은 문장을 완성하세요.

1. I **would like** beef.
저는 소고기를 먹고 싶어요.

2. **May I** see your ticket?
티켓을 봐도 될까요?

D 그림에 맞게 단어나 어구를 바르게 배열하여 문장을 쓰세요.

1. (your seat / is / It / right behind)
It is right behind your seat.
그것은 당신의 좌석 바로 뒤에 있어요.

2. (some lemonade / Can I / have)
Can I have some lemonade?
레모네이드 좀 마실 수 있나요?

2주 특강

2주 누구나 100점 TEST

맞은 개수 /8개
▶정답 13쪽

1 단어에 알맞은 그림을 고르세요.

mushroom

① ② ③ ④

2 그림에 알맞은 단어나 어구를 고르세요.

① behind
② next to
③ in front of
④ between

3 우리말에 맞게 빈칸에 알맞은 것을 고르세요.

제가 애완동물을 데려올 수 있나요?
_____ bring my pet?

❶ Can I
② Do you
③ Am I
④ Can you

4 그림을 보고, 알맞은 문장의 기호를 쓰세요.

ⓐ May I check out this book?
ⓑ I would like the pineapple pizza.
ⓒ It is right behind your seat.

(1) ⓒ (2) ⓐ

[5~6] 다음 글을 읽고, 물음에 답하세요.

Today is Olivia's birthday.
Olivia invites her friends to her favorite restaurant.

They order food.
🍄 I would like the mushroom soup.
🦐 I would like the shrimp spaghetti.
🍍 저는 파인애플 피자를 먹고 싶어요.

They wait and wait.
But the food is not ready yet.

5 윗글의 밑줄 친 우리말에 맞게 문장을 완성하세요.

I would like the pineapple pizza.

6 윗글의 내용과 일치하지 않는 것을 고르세요.

① 오늘은 올리비아의 생일이다.
❷ 올리비아는 친구들을 집으로 초대했다.
③ 그들은 서로 다른 음식을 주문했다.
④ 음식은 아직 준비되지 않았다.

[7~8] 다음 글을 읽고, 물음에 답하세요.

Do you see the brown building?
That is the post office.

And the hair salon is between the supermarket and the post office.

There is a bus stop, too.
It is in front of the supermarket.

7 그림에 맞게 윗글의 빈칸에 알맞은 문장을 완성하세요.

It is next to the hair salon.

8 윗글에서 버스 정류장의 위치를 바르게 설명한 것을 고르세요.

① 미용실 옆
❷ 슈퍼마켓 앞
③ 우체국 뒤
④ 우체국과 슈퍼마켓 사이

84 • 똑똑한 하루 Reading

Level 3 B • 85

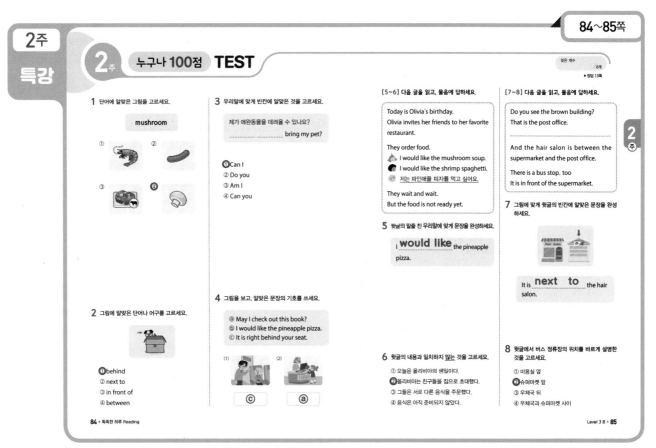

2주 특강 Brain Game Zone

창의·융합·코딩 ❶

정답 13쪽

🎲 배운 내용을 떠올리며 말판 놀이를 해 보세요.

1. 그림을 보고 알맞은 단어에 동그라미 하세요.
sausage / shrimp

2. 그림에 알맞은 단어를 완성하세요.
S ea r ch

3. 단어를 읽고 알맞은 우리말 뜻과 연결하세요.
chair — 의자
photo — 사진

4. 그림을 보고 알파벳을 바르게 배열하여 단어를 쓰세요.
waners → answer

5. 그림과 단어가 일치하면 O 표, 일치하지 않으면 × 표 하세요.
hair salon ×

6. 문장을 읽고 알맞은 그림에 동그라미 하세요.
It is next to the box.

7. 우리말에 맞게 문장을 완성하세요.
저는 피자를 먹고 싶어요.
I would like the pizza.

8. 우리말에 알맞은 문장에 ✓ 표 하세요.
제가 사진이나 비디오를 찍을 수 있나요?
Can I drink in the museum?
Can I take photos and videos? ✓

9. 그림과 문장이 일치하면 O 표, 일치하지 않으면 × 표 하세요.
May I check out this book? O

10. 우리말에 맞게 단어나 어구를 바르게 배열하여 문장을 쓰세요.
레모네이드 좀 마실 수 있나요?
(have / Can / some lemonade / I)
→ Can I have some lemonade?
FINISH

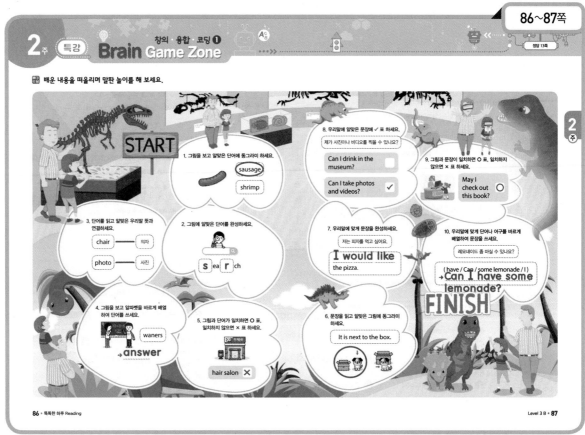

86 • 똑똑한 하루 Reading

Level 3 B • 87

정답 • 13

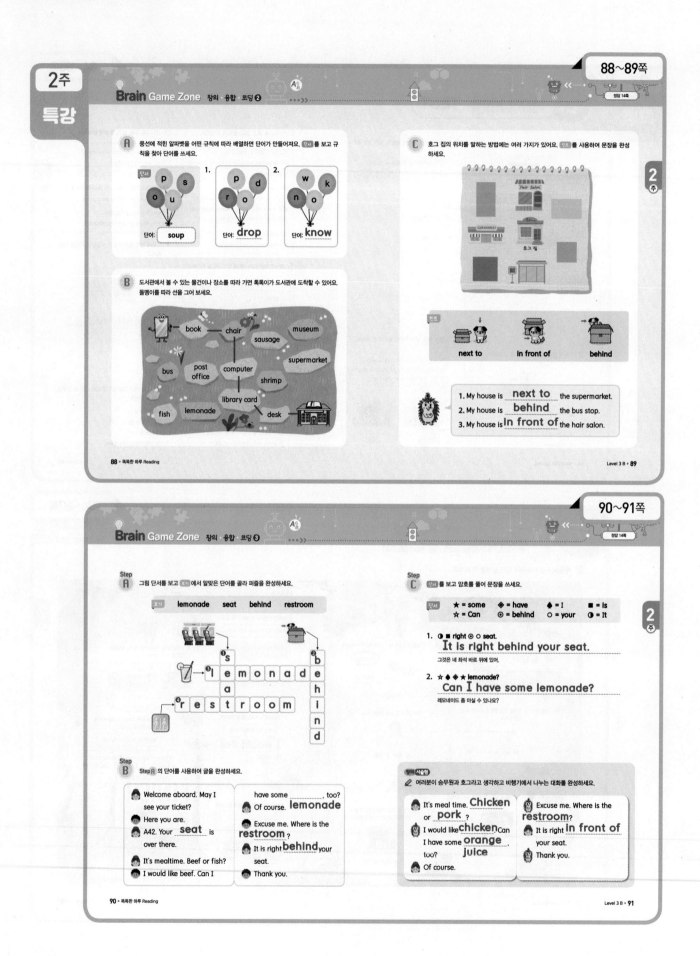

3주 1일

똑똑한 하루 1일 Reading

I Have a Cold
나는 감기에 걸렸어

Q 남자아이는 어떻게 아플까요?
기침, 콧물, 재채기

어제는 정말 추웠어.
난 하루 종일 밖에서 놀았어.
엄마가 "그만 놀고 안으로 들어와!"라고 말씀하셨어.
그렇지만 나는 엄마 말을 듣지 않았어.

It was very cold yesterday.
I played outside all day long.
Mom said, "Stop playing and come inside!"
But I did not listen to her.

Now I don't feel well. 지금 난 상태가 좋지 않아.
I have a cough. 기침이 나.
I have a runny nose. 콧물이 나.
Achoo! 에취!
I sneezed. 재채기도 했어.
Oh no! I have a cold. 안돼! 난 감기에 걸렸어.
Sorry, Mom! 미안해요, 엄마!

하루 구문

I have a + 증상. 나는 ~ 증상이 있어.
아파서 어떤 증상이 있다는 것을 표현을 할 때 동사 have를 써요. 그리고 증상 앞에는 대부분 관사 a를 붙여요.

cough는 감기 걸렸을 때 기침이 쿨룩쿨룩 나는 걸 말하고, sneeze는 코가 간질간질하다가 재채기가 나오는 걸 말해요.

Let's Check
정답 15쪽

글의 내용과 일치하도록 괄호 안에서 알맞은 것을 골라 동그라미 하세요.

1. The boy played (inside / (outside)) all day long.
2. The boy ((has) / doesn't have) a cold.
3. The boy has a (fever / (runny nose)).

98 ● 똑똑한 하루 Reading

Level 3 B ● 99

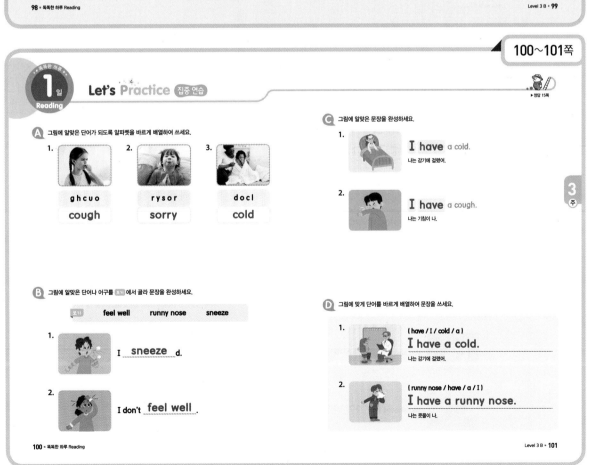

똑똑한 하루 1일 Reading

Let's Practice 집중 연습

▶정답 15쪽

A 그림에 알맞은 단어가 되도록 알파벳을 바르게 배열하여 쓰세요.

1. ghcuo → **cough**
2. rysor → **sorry**
3. docl → **cold**

B 그림에 알맞은 단어나 어구를 보기 에서 골라 문장을 완성하세요.

보기 feel well   runny nose   sneeze

1. I **sneeze** d.
2. I don't **feel well** .

C 그림에 알맞은 문장을 완성하세요.

1. **I have** a cold.
나는 감기에 걸렸어.
2. **I have** a cough.
나는 기침이 나.

D 그림에 맞게 단어를 바르게 배열하여 문장을 쓰세요.

1. (have / I / cold / a)
I have a cold.
나는 감기에 걸렸어.
2. (runny nose / have / a / I)
I have a runny nose.
나는 콧물이 나.

100 ● 똑똑한 하루 Reading

Level 3 B ● 101

104~105쪽

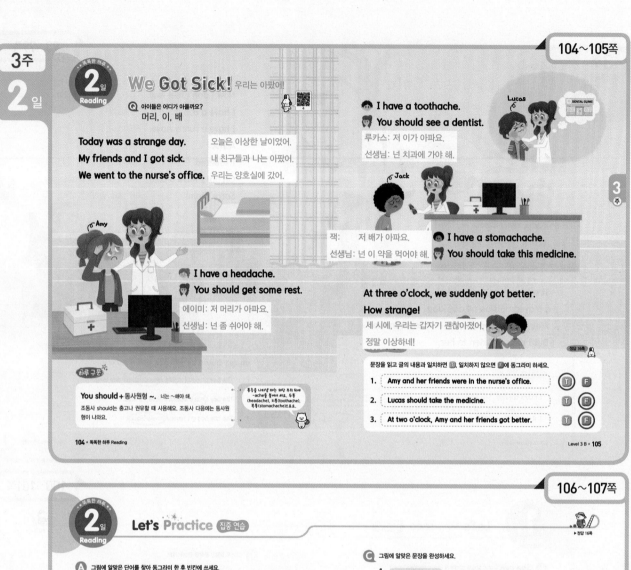

3주
2일
Reading

We Got Sick! 우리는 아팠어!

Q 아이들은 어디가 아플까요?
머리, 이, 배

Today was a strange day.
My friends and I got sick.
We went to the nurse's office.

오늘은 이상한 날이었어.
내 친구들과 나는 아팠어.
우리는 양호실에 갔어.

🙂 I have a headache.
🙂 You should get some rest.

에이미: 저 머리가 아파요.
선생님: 넌 좀 쉬어야 해.

하루 구문

You should + 동사원형 ~. 너는 ~해야 해.
조동사 should는 충고나 권유할 때 사용해요. 조동사 다음에는 동사원형이 나와요.

🙂 I have a toothache.
🙂 You should see a dentist.

루카스: 저 이가 아파요.
선생님: 넌 치과에 가야 해.

잭: 저 배가 아파요.
선생님: 넌 이 약을 먹어야 해.

🙂 I have a stomachache.
🙂 You should take this medicine.

At three o'clock, we suddenly got better.
How strange!

세 시에, 우리는 갑자기 괜찮아졌어.
정말 이상하네!

통증을 나타낼 때는 해당 부위 뒤에 -ache를 붙여서 써요. 두통 (headache), 치통(toothache), 복통(stomachache)으로요.

문장을 읽고 글의 내용과 일치하면 T, 일치하지 않으면 F에 동그라미 하세요.

1. Amy and her friends were in the nurse's office.　Ⓣ Ⓕ
2. Lucas should take the medicine.　Ⓣ Ⓕ
3. At two o'clock, Amy and her friends got better.　Ⓣ Ⓕ

104 • 똑똑한 하루 Reading

Level 3 B • 105

106~107쪽

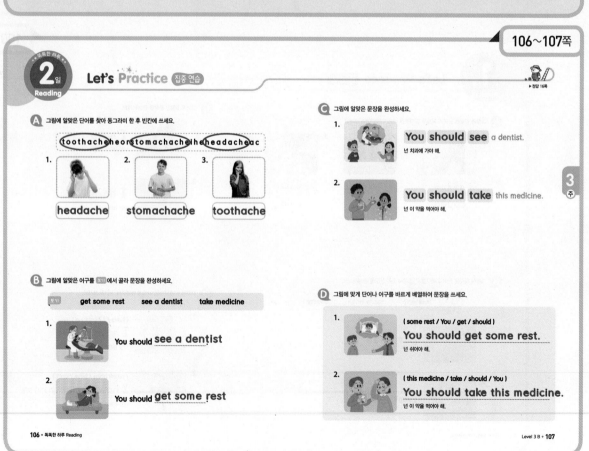

2일
Reading

Let's Practice 집중 연습

▶ 정답 16쪽

A 그림에 알맞은 단어를 찾아 동그라미 한 후 빈칸에 쓰세요.

toothacheheorstomachacheheheadacheac

1. headache
2. stomachache
3. toothache

B 그림에 알맞은 어구를 보기에서 골라 문장을 완성하세요.

보기　get some rest　see a dentist　take medicine

1. You should see a dentist
2. You should get some rest

C 그림에 알맞은 문장을 완성하세요.

1. You should see a dentist.
넌 치과에 가야 해.

2. You should take this medicine.
넌 이 약을 먹어야 해.

D 그림에 맞게 단어나 어구를 바르게 배열하여 문장을 쓰세요.

1. (some rest / You / get / should)
You should get some rest.
넌 쉬어야 해.

2. (this medicine / take / should / You)
You should take this medicine.
넌 이 약을 먹어야 해.

106 • 똑똑한 하루 Reading

Level 3 B • 107

3주
3일
Reading

A Healthy Life 건강한 생활

Q 누가 건강한 생활 습관을 지니고 있을까요?
여자아이

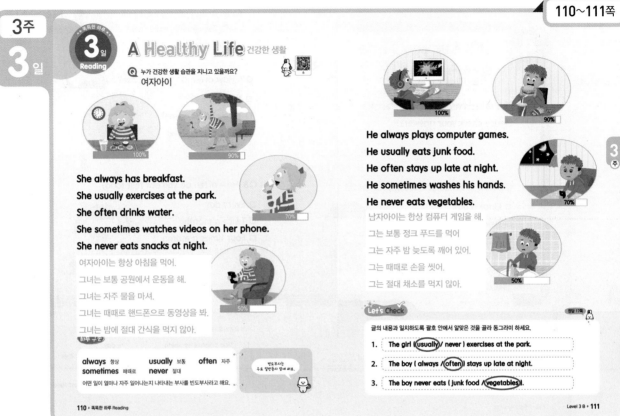

She always has breakfast.
She usually exercises at the park.
She often drinks water.
She sometimes watches videos on her phone.
She never eats snacks at night.

여자아이는 항상 아침을 먹어.
그녀는 보통 공원에서 운동을 해.
그녀는 자주 물을 마셔.
그녀는 때때로 핸드폰으로 동영상을 봐.
그녀는 밤에 절대 간식을 먹지 않아.

| always 항상 | usually 보통 | often 자주 |
| sometimes 때때로 | never 절대 | |

어떤 일이 얼마나 자주 일어나는지 나타내는 부사를 빈도부사라고 해요.

빈도부사는 주로 일반동사 앞에 써요.

He always plays computer games.
He usually eats junk food.
He often stays up late at night.
He sometimes washes his hands.
He never eats vegetables.

남자아이는 항상 컴퓨터 게임을 해.
그는 보통 정크 푸드를 먹어
그는 자주 밤 늦도록 깨어 있어.
그는 때때로 손을 씻어.
그는 절대 채소를 먹지 않아.

Let's Check
정답 17쪽

글의 내용과 일치하도록 괄호 안에서 알맞은 것을 골라 동그라미 하세요.

1. The girl (**usually** / never) exercises at the park.

2. The boy (always / **often**) stays up late at night.

3. The boy never eats (junk food / **vegetables**).

110 • 똑똑한 하루 Reading

Level 3 B • 111

3일
Reading

Let's Practice 집중 연습

▶정답 17쪽

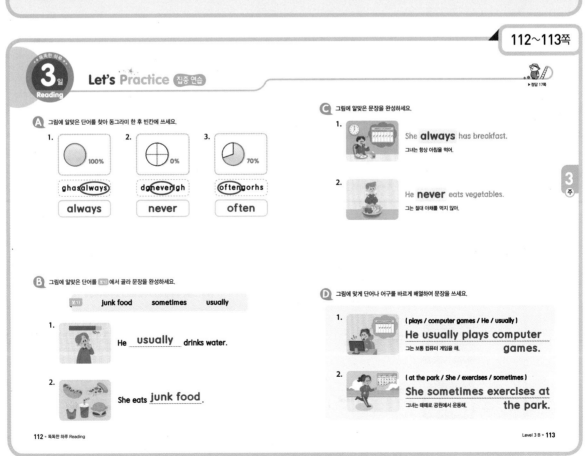

A 그림에 알맞은 단어를 찾아 동그라미 한 후 빈칸에 쓰세요.

1.
100%
ghas**always**
always

2.
0%
dg**never**igh
never

3.
70%
oftengorhs
often

B 그림에 알맞은 단어를 보기 에서 골라 문장을 완성하세요.

보기 junk food   sometimes   usually

1.
He _usually_ drinks water.

2.
She eats _junk food_ .

C 그림에 알맞은 문장을 완성하세요.

1.
She **always** has breakfast.
그녀는 항상 아침을 먹어.

2.
He **never** eats vegetables.
그는 절대 야채를 먹지 않아.

D 그림에 맞게 단어나 어구를 바르게 배열하여 문장을 쓰세요.

1.
(plays / computer games / He / usually)
He usually plays computer games.
그는 보통 컴퓨터 게임을 해.

2.
(at the park / She / exercises / sometimes)
She sometimes exercises at the park.
그녀는 때때로 공원에서 운동해.

112 • 똑똑한 하루 Reading

Level 3 B • 113

116~117쪽

3주
4일 Reading

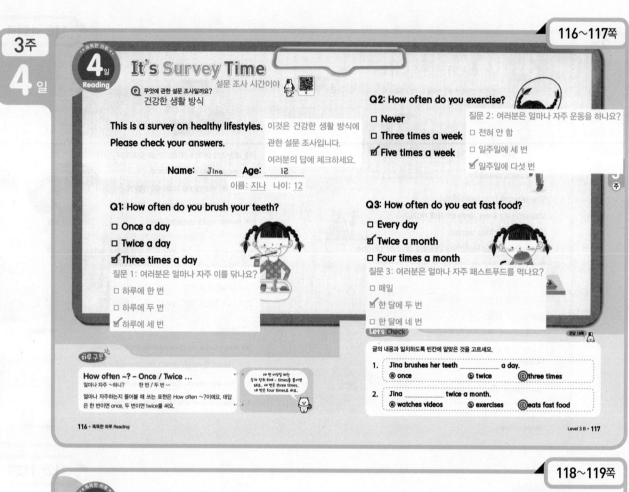

It's Survey Time 설문 조사 시간이야

Q 무엇에 관한 설문 조사일까요?
건강한 생활 방식

This is a survey on healthy lifestyles.
Please check your answers.

이것은 건강한 생활 방식에 관한 설문 조사입니다.
여러분의 답에 체크하세요.

Name: Jina   Age: 12
이름: 지나   나이: 12

Q1: How often do you brush your teeth?
☐ Once a day
☐ Twice a day
☑ Three times a day

질문 1: 여러분은 얼마나 자주 이를 닦나요?
☐ 하루에 한 번
☐ 하루에 두 번
☑ 하루에 세 번

Q2: How often do you exercise?
☐ Never
☐ Three times a week
☑ Five times a week

질문 2: 여러분은 얼마나 자주 운동을 하나요?
☐ 전혀 안 함
☐ 일주일에 세 번
☑ 일주일에 다섯 번

Q3: How often do you eat fast food?
☐ Every day
☑ Twice a month
☐ Four times a month

질문 3: 여러분은 얼마나 자주 패스트푸드를 먹나요?
☐ 매일
☑ 한 달에 두 번
☐ 한 달에 네 번

하루 구문

How often ~? - Once / Twice ...
얼마나 자주 ~하니?   한 번 / 두 번 ...

얼마나 자주하는지 물어볼 때 쓰는 표현은 How often ~?이에요. 대답은 한 번이면 once, 두 번이면 twice를 써요.

세 번 이상일 때는 숫자 단위 뒤에 - times를 붙이면 돼요, 세 번은 three times, 네 번은 four times로 써요.

Let's Check

글의 내용과 일치하도록 빈칸에 알맞은 것을 고르세요.

1. Jina brushes her teeth _____ a day.
ⓐ once   ⓑ twice   ©three times

2. Jina _____ twice a month.
ⓐ watches videos   ⓑ exercises   ©eats fast food

118~119쪽

4일 Reading

Let's Practice 집중 연습

▶정답 18쪽

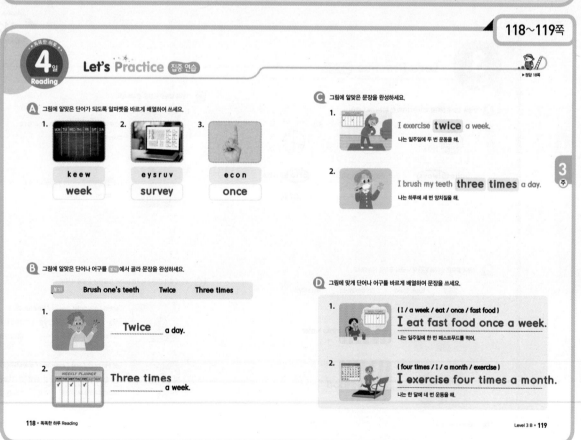

A 그림에 알맞은 단어가 되도록 알파벳을 바르게 배열하여 쓰세요.

1. keew → **week**
2. eysruv → **survey**
3. econ → **once**

B 그림에 알맞은 단어나 어구를 보기 에서 골라 문장을 완성하세요.

보기   Brush one's teeth   Twice   Three times

1. **Twice** a day.

2. **Three times** a week.

C 그림에 알맞은 문장을 완성하세요.

1. I exercise **twice** a week.
나는 일주일에 두 번 운동을 해.

2. I brush my teeth **three times** a day.
나는 하루에 세 번 양치질을 해.

D 그림에 맞게 단어나 어구를 바르게 배열하여 문장을 쓰세요.

1. (I / a week / eat / once / fast food)
I eat fast food once a week.
나는 일주일에 한 번 패스트푸드를 먹어.

2. (four times / I / a month / exercise)
I exercise four times a month.
나는 한 달에 네 번 운동을 해.

122~123쪽

3주

5일 Reading

We Had the Flu 우리는 독감에 걸렸어요

Q 감기에 걸렸을 때 무엇을 해야 할까요?
약 먹기, 뜨거운 차 마시기, 수프 먹기 등

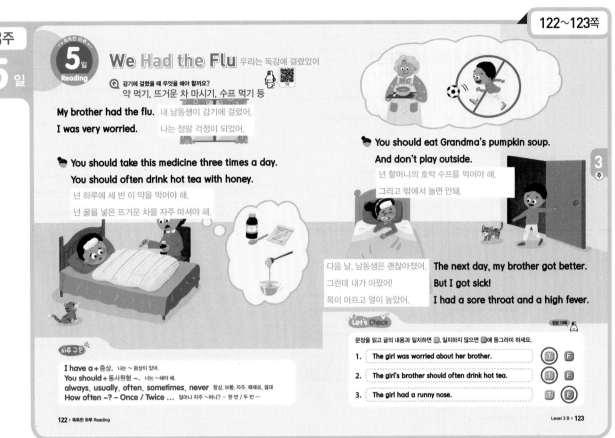

My brother had the flu. 내 남동생이 감기에 걸렸어.
I was very worried. 나는 정말 걱정이 되었어.

You should take this medicine three times a day.
You should often drink hot tea with honey.
넌 하루에 세 번 이 약을 먹어야 해.
넌 꿀을 넣은 뜨거운 차를 자주 마셔야 해.

You should eat Grandma's pumpkin soup.
And don't play outside.
넌 할머니의 호박 수프를 먹어야 해.
그리고 밖에서 놀면 안돼.

다음 날, 남동생은 괜찮아졌어. The next day, my brother got better.
그런데 내가 아팠어! But I got sick!
목이 아프고 열이 높았어. I had a sore throat and a high fever.

하루 구문

I have a + 증상. 나는 ~증상이 있어.
You should + 동사원형 ~. 너는 ~해야 해.
always, usually, often, sometimes, never 항상, 보통, 자주, 때때로, 절대
How often ~? - Once / Twice ... 얼마나 자주 ~하니? - 한 번 / 두 번 …

Let's Check

정답 19쪽

문장을 읽고 글의 내용과 일치하면 T, 일치하지 않으면 F에 동그라미 하세요.

1. The girl was worried about her brother. (T) F
2. The girl's brother should often drink hot tea. (T) F
3. The girl had a runny nose. T (F)

124~125쪽

5일 Reading

Let's Practice 집중 연습

▶정답 19쪽

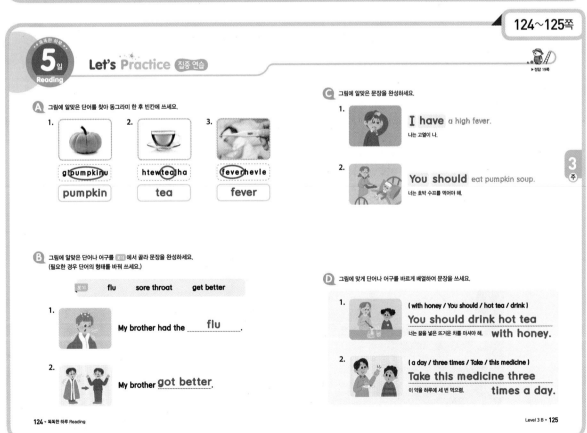

A 그림에 알맞은 단어를 찾아 동그라미 한 후 빈칸에 쓰세요.

1. g t pumpkin u
   pumpkin

2. h t e w tea j ha
   tea

3. fever h e v l e
   fever

B 그림에 알맞은 단어나 어구를 보기에서 골라 문장을 완성하세요.
(필요한 경우 단어의 형태를 바꿔 쓰세요.)

보기 flu   sore throat   get better

1. My brother had the ___flu___.

2. My brother got better.

C 그림에 알맞은 문장을 완성하세요.

1. I have a high fever.
   나는 고열이 나.

2. You should eat pumpkin soup.
   너는 호박 수프를 먹어야 해.

D 그림에 맞게 단어나 어구를 바르게 배열하여 문장을 쓰세요.

1. (with honey / You should / hot tea / drink)
   You should drink hot tea with honey.
   너는 꿀을 넣은 뜨거운 차를 마셔야 해.

2. (a day / three times / Take / this medicine)
   Take this medicine three times a day.
   이 약을 하루에 세 번 먹으렴.

3주 특강

3주 누구나 100점 TEST

맞은 개수 /8개
▶정답 20쪽

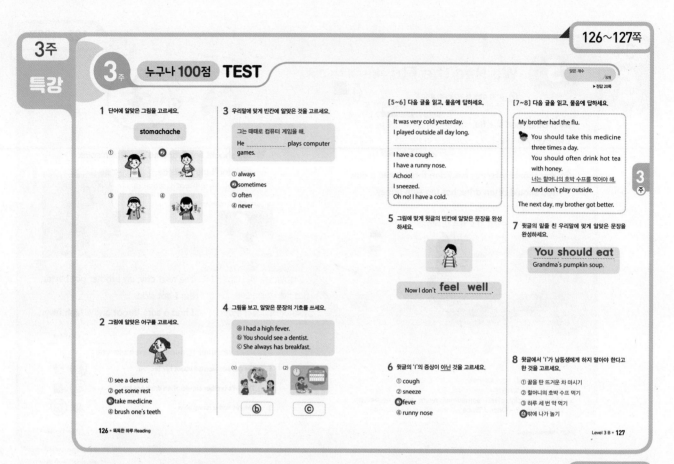

1 단어에 알맞은 그림을 고르세요.

stomachache

① ② ③ ④

2 그림에 알맞은 어구를 고르세요.

① see a dentist
② get some rest
③ take medicine
④ brush one's teeth

3 우리말에 맞게 빈칸에 알맞은 것을 고르세요.

그는 때때로 컴퓨터 게임을 해.
He _____ plays computer games.

① always
② sometimes
③ often
④ never

4 그림을 보고, 알맞은 문장의 기호를 쓰세요.

ⓐ I had a high fever.
ⓑ You should see a dentist.
ⓒ She always has breakfast.

(1) ⓑ (2) ⓒ

[5~6] 다음 글을 읽고, 물음에 답하세요.

It was very cold yesterday.
I played outside all day long.

I have a cough.
I have a runny nose.
Achoo!
I sneezed.
Oh no! I have a cold.

5 그림에 맞게 윗글의 빈칸에 알맞은 문장을 완성하세요.

Now I don't feel well .

6 윗글의 'I'의 증상이 아닌 것을 고르세요.

① cough
② sneeze
③ fever
④ runny nose

[7~8] 다음 글을 읽고, 물음에 답하세요.

My brother had the flu.
You should take this medicine three times a day.
You should often drink hot tea with honey.
너는 할머니의 호박 수프를 먹어야 해.
And don't play outside.
The next day, my brother got better.

7 윗글의 밑줄 친 우리말에 맞게 알맞은 문장을 완성하세요.

You should eat
Grandma's pumpkin soup.

8 윗글에서 'I'가 남동생에게 하지 말아야 한다고 한 것을 고르세요.

① 꿀을 탄 뜨거운 차 마시기
② 할머니의 호박 수프 먹기
③ 하루 세 번 약 먹기
④ 밖에 나가 놀기

3주 특강 Brain Game Zone

창의·융합·코딩 ❶

▶정답 20쪽

배운 내용을 떠올리며 말판 놀이를 해 보세요.

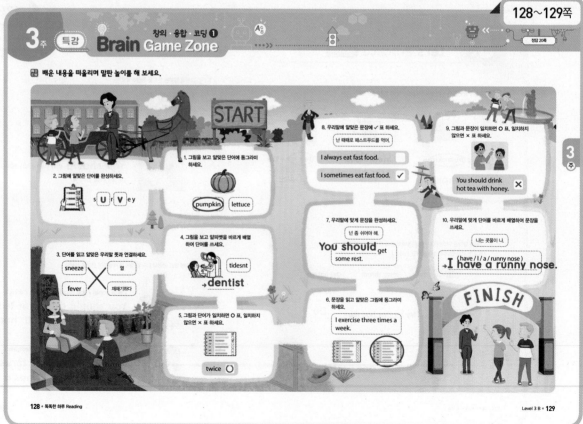

START

2. 그림에 알맞은 단어를 완성하세요.
s u r v e y

1. 그림을 보고 알맞은 단어에 동그라미 하세요.
pumpkin / lettuce

3. 단어를 읽고 알맞은 우리말 뜻과 연결하세요.
sneeze × 열
fever × 재채기하다

4. 그림을 보고 알파벳을 바르게 배열하여 단어를 쓰세요.
tidesnt → dentist

5. 그림과 단어가 일치하면 O 표, 일치하지 않으면 × 표 하세요.
twice O

8. 우리말에 알맞은 문장에 ✓ 표 하세요.
난 때때로 패스트푸드를 먹어.
I always eat fast food. ☐
I sometimes eat fast food. ✓

7. 우리말에 맞게 문장을 완성하세요.
넌 좀 쉬어야 해.
You should get some rest.

6. 문장을 읽고 알맞은 그림에 동그라미 하세요.
I exercise three times a week.

9. 그림과 문장이 일치하면 O 표, 일치하지 않으면 × 표 하세요.
You should drink hot tea with honey. ×

10. 우리말에 맞게 단어를 바르게 배열하여 문장을 쓰세요.
나는 콧물이 나.
(have / I / a / runny nose)
→ I have a runny nose.

FINISH

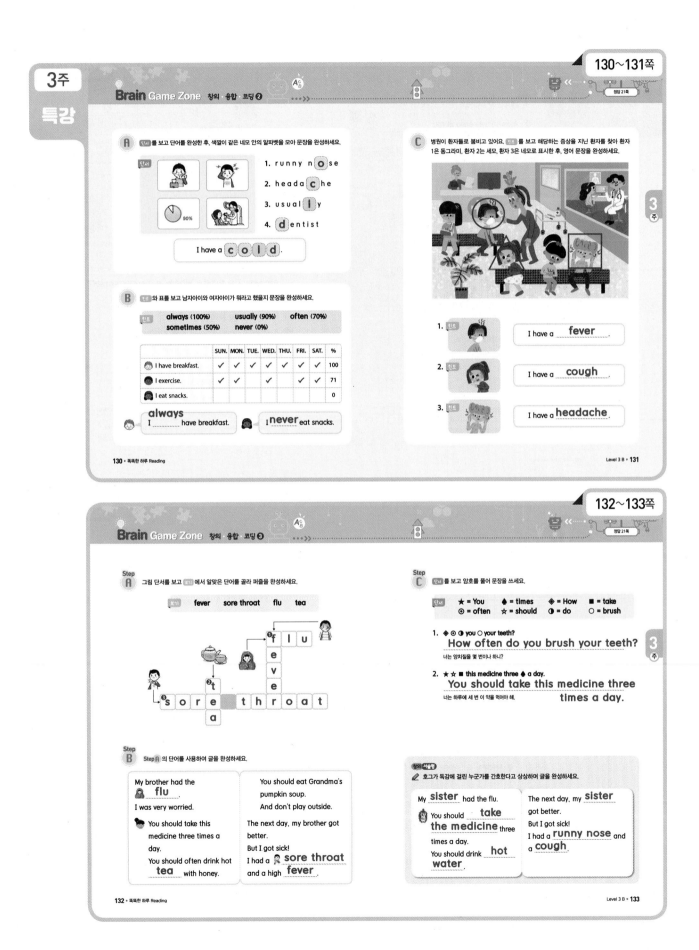

3주 특강

Brain Game Zone 창의·융합·코딩 ②

정답 21쪽

A 단서 를 보고 단어를 완성한 후, 색깔이 같은 네모 안의 알파벳을 모아 문장을 완성하세요.

단서

1. runny n**o**se
2. heada**c**he
3. usual**l**y
4. **d**entist

I have a **c** **o** **l** **d** .

B 힌트 와 표를 보고 남자아이와 여자아이가 뭐라고 했을지 문장을 완성하세요.

힌트

| always (100%) | usually (90%) | often (70%) |
| sometimes (50%) | never (0%) | |

	SUN.	MON.	TUE.	WED.	THU.	FRI.	SAT.	%
I have breakfast.	✓	✓	✓	✓	✓	✓	✓	100
I exercise.	✓	✓		✓		✓	✓	71
I eat snacks.								0

I **always** have breakfast.　 I **never** eat snacks.

C 병원이 환자들로 붐비고 있어요. 힌트 를 보고 해당하는 증상을 지닌 환자를 찾아 환자 1은 동그라미, 환자 2는 세모, 환자 3은 네모로 표시한 후, 영어 문장을 완성하세요.

1. 힌트 I have a **fever** .

2. 힌트 I have a **cough** .

3. 힌트 I have a **headache** .

130 · 똑똑한 하루 Reading　　　　Level 3 B · 131

Brain Game Zone 창의·융합·코딩 ③

정답 21쪽

Step A 그림 단서를 보고 보기 에서 알맞은 단어를 골라 퍼즐을 완성하세요.

보기　fever　sore throat　flu　tea

① f l u
e
v
② t e
③ s o r e　t h r o a t
a

Step B Step A 의 단어를 사용하여 글을 완성하세요.

My brother had the **flu** .
I was very worried.
You should take this medicine three times a day.
You should often drink hot **tea** with honey.

You should eat Grandma's pumpkin soup.
And don't play outside.
The next day, my brother got better.
But I got sick!
I had a **sore throat** and a high **fever** .

Step C 단서 를 보고 암호를 풀어 문장을 쓰세요.

단서
★ = You　♠ = times　◈ = How　■ = take
◉ = often　☆ = should　◐ = do　○ = brush

1. ◈ ◉ ◐ you ○ your teeth?
How often do you brush your teeth?
너는 양치질을 몇 번이나 하니?

2. ★ ☆ ■ this medicine three ♠ a day.
You should take this medicine three times a day.
너는 하루에 세 번 이 약을 먹어야 해.

창의 서술형
호그가 독감에 걸린 누군가를 간호한다고 상상하며 글을 완성하세요.

My **sister** had the flu.
You should **take** the medicine three times a day.
You should drink **hot water** .

The next day, my **sister** got better.
But I got sick!
I had a **runny nose** and a **cough** .

132 · 똑똑한 하루 Reading　　　　Level 3 B · 133

140~141쪽

4주 1일

The Mud Festival 머드 축제

Q 축제에 가기 전에 무슨 일이 있을까요?
포스터 구경하기, 슈퍼마켓 가기 등

여아: 마침내 우리가 여기에 왔어!
머드 축제 포스터를 봐.
남아: 너 뭐 하고 싶어?
여아: 난 머드 미끄럼틀을 타 보고 싶어.
또한 머드 마라톤에서도 달리고 싶어.

Finally we are here!
Look at the mud festival poster.
What do you want to do?
I want to try the mud slide.
I also want to run in the mud marathon.

남아: 재미있을 것 같아.
근데, 목이 말라. 슈퍼마켓이 어디에 있지?
여아: 두 블록 직진하고 오른쪽으로 꺾어.
남아: 그걸 어떻게 알아?
여아: 스마트폰은 모든 것을 알고 있지!

Sounds interesting.
Anyway, I'm thirsty. Where is a supermarket?
Go straight two blocks and turn right.
How do you know that?
A smartphone knows everything!

하루 구문

Where is ~? – Go straight.
~은 어디에 있어?   직진해.
길을 물을 때는 의문사 Where를 사용해요. 대답할 때는 여러 가지 표현을
쓸 수 있어요. '직진하다'는 go straight, '꺾다'는 동사 turn을 사용해요.

'오른쪽(왼쪽)으로 꺾어.'는
Turn right(left).로 써요. 그리고
도로로 나뉘는 하나의 구역을
block이라고 해요.

Let's Check   정답 22쪽

글의 내용과 일치하도록 빈칸에 알맞은 것을 고르세요.

1. The boy and girl arrive at the _____.
ⓐ supermarket   ⓑ festival   ⓒ playground

2. The boy should _____ two blocks and turn right.
ⓐ across   ⓑ turn   ⓒ go straight

142~143쪽

4주 1일 Reading

Let's Practice 집중 연습

▶ 정답 22쪽

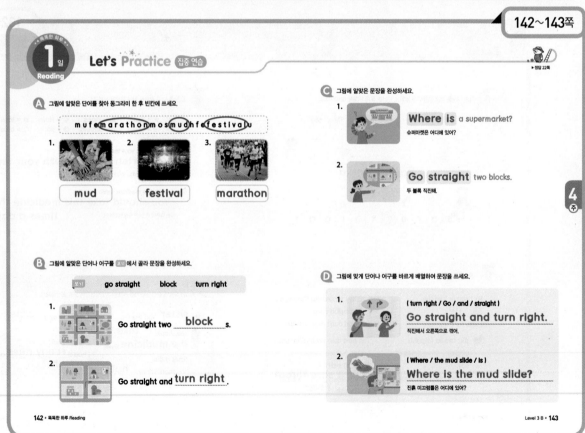

A 그림에 알맞은 단어를 찾아 동그라미 한 후 빈칸에 쓰세요.

mufe**marathon**mos**mud**hfe**festival**u

1. **mud**
2. **festival**
3. **marathon**

B 그림에 알맞은 단어나 어구를 보기에서 골라 문장을 완성하세요.

보기   go straight   block   turn right

1. Go straight two **block** s.

2. Go straight and **turn right**.

C 그림에 알맞은 문장을 완성하세요.

1. **Where is** a supermarket?
슈퍼마켓은 어디에 있어?

2. **Go straight** two blocks.
두 블록 직진해.

D 그림에 맞게 단어나 어구를 바르게 배열하여 문장을 쓰세요.

1. (turn right / Go / and / straight)
Go straight and turn right.
직진해서 오른쪽으로 꺾어.

2. (Where / the mud slide / is)
Where is the mud slide?
진흙 미끄럼틀은 어디에 있어?

4주

2일 Reading

La Tomatina

Q 사람들은 토마토로 무엇을 하고 있을까요?
던지기, 축제 즐기기

Look at the people.
They look messy.
They are enjoying La Tomatina.
La Tomatina is a famous festival in Spain.

사람들을 봐.
그들은 지저분해 보여.
그들은 '라 토마티나'를 즐기고 있어.
'라 토마티나'는 스페인의 유명한 축제야.

The men on the truck are throwing tomatoes.
Boys and girls in the street are having tomato fights.
The whole city looks red.

트럭 위의 남자들은 토마토를 던지고 있어.
길거리에서 여자아이들과 남자아이들은 토마토 싸움을 하고 있어.
도시 전체가 빨갛게 보여.

After the fights, many people eat paella.
It tastes fantastic.

싸움이 끝난 후, 많은 사람들은 파에야를 먹어.
맛이 환상적이야.

하루 구문

주어 + look / taste + 형용사.
…기 ~하게 보여. / 맛이 ~해.

look과 taste는 지각동사라고 부르며 뒤에 형용사가 와요. 주어가 3인칭 단수일 때는 동사 뒤에 s나 es를 붙여서 사용해요.

Paella(빠에야)라는 음식은 스페인의 전통 요리로 쌀, 고기, 해산물 등을 함께 넣어 볶음밥 같은 요리예요.

글의 내용과 일치하도록 괄호 안에서 알맞은 것을 골라 동그라미 하세요.

1. La Tomatina is a famous ((festival) / movie) in Spain.

2. Boys and girls in the ((street) / pool) are having tomato fights.

3. The whole city looks (blue / (red)).

146 • 똑똑한 하루 Reading

Level 3 B • 147

2일 Reading

Let's Practice 집중 연습

▶정답 23쪽

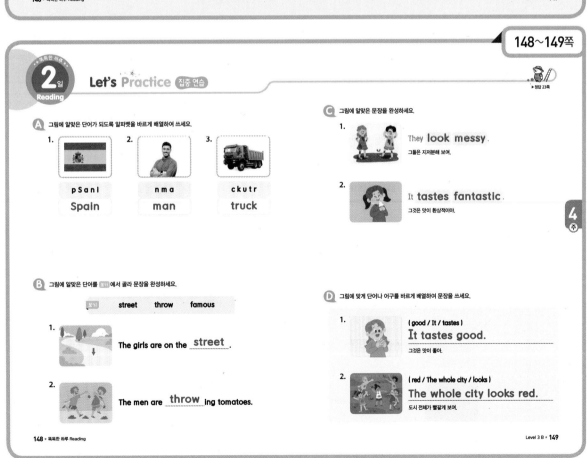

A 그림에 알맞은 단어가 되도록 알파벳을 바르게 배열하여 쓰세요.

1. pSanl → **Spain**
2. nma → **man**
3. ckutr → **truck**

B 그림에 알맞은 단어를 보기에서 골라 문장을 완성하세요.

보기 street throw famous

1. The girls are on the **street** .

2. The men are **throw** ing tomatoes.

C 그림에 알맞은 문장을 완성하세요.

1. They **look messy** .
그들은 지저분해 보여.

2. It **tastes fantastic** .
그것은 맛이 환상적이야.

D 그림에 맞게 단어나 어구를 바르게 배열하여 문장을 쓰세요.

1. (good / It / tastes)
It tastes good.
그것은 맛이 좋아.

2. (red / The whole city / looks)
The whole city looks red.
도시 전체가 빨갛게 보여.

148 • 똑똑한 하루 Reading

Level 3 B • 149

정답 • **23**

4주 3일

3일 Reading

A Light Festival 빛 축제

Q 이 축제에서 사람들은 무엇을 할까요?
랜턴 켜기, 초에 불 붙이기, 바닥 장식하기, 불꽃놀이 보기

Diwali is a festival of lights in India.
People in India give thanks to their gods.
디왈리는 인도에서 열리는 빛의 축제입니다.
인도의 사람들은 신에게 감사를 드려요.

They turn on lanterns.
And they light candles.
Look! How beautiful!
그들은 등을 켭니다.
그리고 촛불에 불을 붙여요.
보세요! 정말 아름다워요!

They also decorate their floors.
They use sand and powder.
Look! How colorful!
그들은 또한 바닥도 장식해요.
모래와 가루를 사용합니다.
보세요! 색이 정말 다채로워요!

Many people enjoy the festival together.
Wait! The fireworks are starting!
How amazing!
많은 사람들이 함께 축제를 즐깁니다.
잠깐만요! 불꽃놀이가 시작되고 있습니다!
정말 놀랍네요!

하루 구문

How + 형용사! 정말 ~해!
의문사 How 뒤에 형용사가 오면 '정말 ~해'라는 뜻의 감탄문이 되고, '멋지다, 아름답다' 등의 감정을 표현하는 문장이에요. 문장 맨 뒤에는 느낌표(!)가 와요.

인도 사람들은 디왈리에 집 안 구석구석을 청소하고 불을 밝히는데, 그래야 신이 찾아온다고 믿기 때문이에요.

Let's Check

글의 내용과 일치하도록 괄호 안에서 알맞은 것을 골라 동그라미 하세요.

1. Diwali is a festival of ((lights) / water) in India.

2. People in India light (sand / (candles)).

3. People decorate their floors with (water / (powder)).

152 • 똑똑한 하루 Reading

Level 3 B • 153

3일 Reading

Let's Practice 집중 연습

▶정답 24쪽

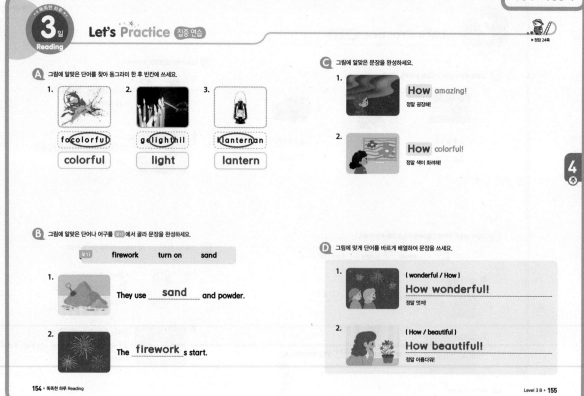

A 그림에 알맞은 단어를 찾아 동그라미 한 후 빈칸에 쓰세요.

1. fo(colorful)
   colorful

2. g(ellight)hil
   light

3. K(lantern)an
   lantern

B 그림에 알맞은 단어나 어구를 [보기]에서 골라 문장을 완성하세요.

보기: firework   turn on   sand

1. They use ___sand___ and powder.

2. The ___firework___s start.

C 그림에 알맞은 문장을 완성하세요.

1. **How** amazing!
   정말 굉장해!

2. **How** colorful!
   정말 색이 화려해!

D 그림에 맞게 단어를 바르게 배열하여 문장을 쓰세요.

1. (wonderful / How)
   How wonderful!
   정말 멋져!

2. (How / beautiful)
   How beautiful!
   정말 아름다워!

154 • 똑똑한 하루 Reading

Level 3 B • 155

4주
4일

4일
Reading

A Water Festival 물 축제

아이들은 무엇을 하고 있을까요?
물 축제에 참가하기, 서로에게 물 끼얹기,
물총 쏘기

It is hot and humid.
You feel like cooling down your body.
You feel like having fun, too.
Then, come to Thailand and
join the Songkran Festival.

날이 덥고 습해.
넌 몸을 식히고 싶어.
넌 또한 재미있게 놀고 싶어.
그러면 태국으로 와서 송끄란 축제에 참가해.

Songkran is a water festival in Thailand.
It takes place in April every year.
People splash water on each other.

Do you feel like joining this festival?
Bring a water gun!

송끄란은 태국의 물 축제야.
매년 4월에 열려.
사람들은 서로에게 물을 끼얹어.

이 축제에 참가하고 싶어?
물총을 갖고 와!

하루 구문

주어 + feel like + 동사원형ing ~. …는 ~하고 싶다.
feel like 뒤에는 명사 또는 동사원형ing의 형태가 올 수 있어요. 동사원형에 ing가 붙은 것을 동명사라고 해요.

'너 ~하고 싶니?'라는 의문문은
Du you feel like+동사원형ing ~가도
돼요.

Let's Check

문장을 읽고 글의 내용과 일치하면 T, 일치하지 않으면 F에 동그라미 하세요.

1. Songkran is a water festival in Thailand. **T** F
2. Songkran takes place in March. T **F**
3. People splash water on each other. **T** F

158 • 똑똑한 하루 Reading

Level 3 B • 159

4일
Reading

Let's Practice 집중 연습

▶ 정답 25쪽

A 그림에 알맞은 단어가 되도록 알파벳을 바르게 배열하여 쓰세요.

1. s l a p h s
   splash
2. d m h l u
   humid
3. a l l T h d n a
   Thailand

B 그림에 알맞은 단어나 어구를 보기 에서 골라 문장을 완성하세요.

보기   cool down   water gun   take place

1. Bring a **water gun** .

2. 12-15 APRIL   It __take_s_ place__ in April.

C 그림에 알맞은 문장을 완성하세요.

1. You **feel like having** fun.
   넌 재미있게 놀고 싶구나.

2. You **feel like cooling down** your body.
   넌 몸을 식히고 싶구나.

D 그림에 맞게 단어나 어구를 바르게 배열하여 문장을 쓰세요.

1. (this festival / Do you / joining / feel like)
   Do you feel like joining this festival?
   넌 이 축제에 참가하고 싶니?

2. (cooling down / You / your body / feel like)
   You feel like cooling down your body.
   넌 몸을 식히고 싶구나.

160 • 똑똑한 하루 Reading

Level 3 B • 161

4주
5일

5일 Reading

Rio Carnival 리우 카니발

Q 리우 카니발에서는 어떤 춤을 볼 수 있을까요?
쌈바 춤

Hello, everyone!
I'm at the Rio Carnival in Brazil.
Look at the carnival parade.
How fancy!

안녕하세요, 여러분!
저는 브라질의 리우 카니발에 있습니다.
카니발 행진을 보세요.
정말 화려합니다!

There are many dancers.
They are wearing colorful costumes
and dancing the samba.
They look fantastic.
I feel like dancing the samba, too!

많은 댄서들이 있습니다.
그들은 다채로운 색상의 의상을
입고 삼바 춤을 추고 있어요.
환상적으로 보입니다.
저도 삼바 춤을 추고 싶네요!

화장실이 어디에 있죠? **Where is the restroom?**
급해요! **I'm in a hurry!**

Cross the street and turn left.
길 건너서 왼쪽으로 꺾어요.

하루 구문

Where is ~? – Go straight.
~이 어디에 있니? 직진해.

How + 형용사!
정말 ~해!

주어 + look / taste + 형용사.
…가 ~하게 보여 / 맛이 ~해.

주어 + feel like + 동사원형ing ~.
…는 ~하고 싶어.

Let's Check

글의 내용과 일치하도록 빈칸에 알맞은 것을 고르세요.

1. Rio Carnival is a festival in _____.
   ⓐ Brazil   ⓑ Spain   ⓒ Thailand

2. Many dancers are wearing _____ costumes.
   ⓐ messy   ⓑ colorful   ⓒ famous

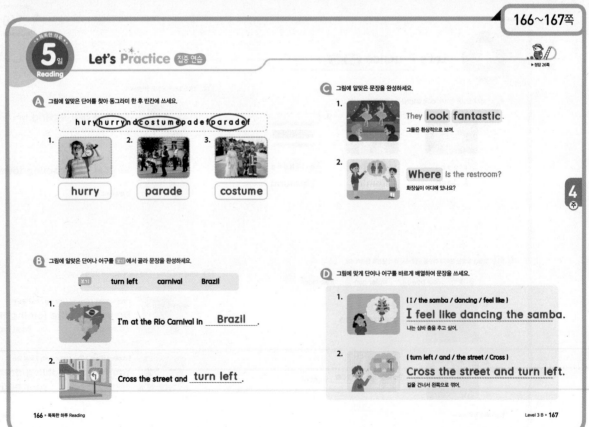

5일 Reading

Let's Practice 집중 연습

▶정답 26쪽

Ⓐ 그림에 알맞은 단어를 찾아 동그라미 한 후 빈칸에 쓰세요.

hurynhurryndcostumepadetparadef

1. hurry
2. parade
3. costume

Ⓑ 그림에 알맞은 단어나 어구를 보기에서 골라 문장을 완성하세요.

보기   turn left   carnival   Brazil

1. I'm at the Rio Carnival in _Brazil_.

2. Cross the street and _turn left_.

Ⓒ 그림에 알맞은 문장을 완성하세요.

1. They **look fantastic**.
   그들은 환상적으로 보여.

2. **Where** is the restroom?
   화장실이 어디에 있나요?

Ⓓ 그림에 맞게 단어나 어구를 바르게 배열하여 문장을 쓰세요.

1. (I / the samba / dancing / feel like)
   I feel like dancing the samba.
   나는 삼바 춤을 추고 싶어.

2. (turn left / and / the street / Cross)
   Cross the street and turn left.
   길을 건너서 왼쪽으로 꺾어.

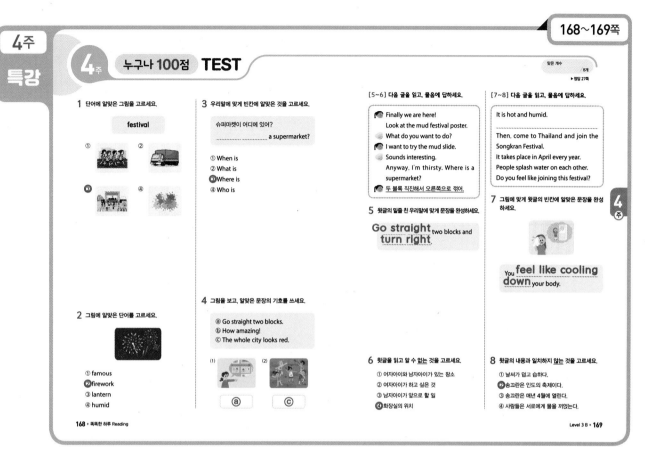

170~171쪽

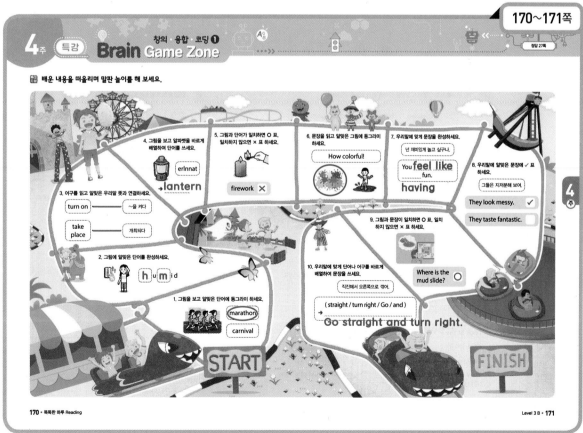

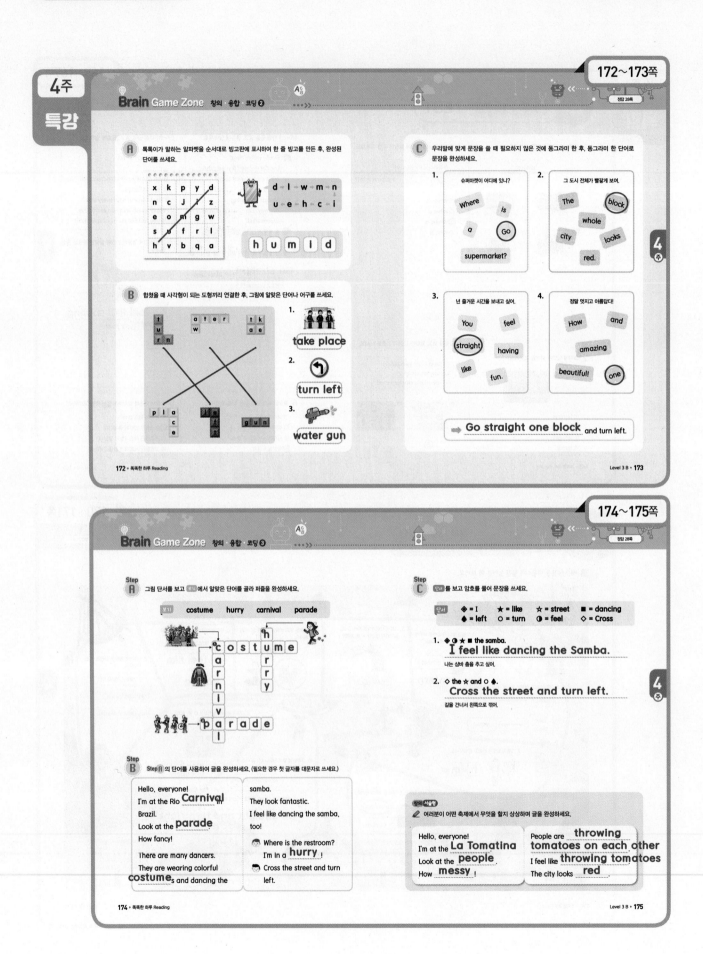

4주
특강

Brain Game Zone 창의·융합·코딩❷

A 톡톡이가 말하는 알파벳을 순서대로 빙고판에 표시하여 한 줄 빙고를 만든 후, 완성된 단어를 쓰세요.

x	k	p	y	d
n	c	J	j	z
e	o	m	g	w
s	u	f	r	l
h	v	b	q	a

d l w m n
u e h c i

h u m i d

B 합쳤을 때 사각형이 되는 도형끼리 연결한 후, 그림에 알맞은 단어나 어구를 쓰세요.

1. take place
2. turn left
3. water gun

C 우리말에 맞게 문장을 쓸 때 필요하지 않은 것에 동그라미 한 후, 동그라미 한 단어로 문장을 완성하세요.

1. 슈퍼마켓이 어디에 있니?
Where is (Go) a supermarket?

2. 그 도시 전체가 빨갛게 보여.
The (block) whole city looks red.

3. 넌 즐거운 시간을 보내고 싶어.
You feel (straight) having like fun.

4. 정말 멋지고 아름답다!
How and (one) amazing beautiful!

➡ **Go straight one block** and turn left.

172 • 똑똑한 하루 Reading

Level 3 B • 173

4주

Brain Game Zone 창의·융합·코딩❸

Step A 그림 단서를 보고 보기에서 알맞은 단어를 골라 퍼즐을 완성하세요.

보기 costume hurry carnival parade

c o s t u m e
a   h
r   u
n   r
i   r
v   y
a
l
p a r a d e

Step B Step A 의 단어를 사용하여 글을 완성하세요. (필요한 경우 첫 글자를 대문자로 쓰세요.)

Hello, everyone!
I'm at the Rio **Carnival** in Brazil.
Look at the **parade**.
How fancy!

There are many dancers.
They are wearing colorful **costume**s and dancing the samba.
They look fantastic.
I feel like dancing the samba, too!

☺ Where is the restroom?
I'm in a **hurry** !
☺ Cross the street and turn left.

Step C 단서를 보고 암호를 풀어 문장을 쓰세요.

단서 ◆ = I   ★ = like   ☆ = street   ■ = dancing
     ♠ = left   ○ = turn   ◐ = feel   ◇ = Cross

1. ◆ ◐ ★ ■ the samba.
I feel like dancing the Samba.
나는 삼바 춤을 추고 싶어.

2. ◇ the ☆ and ○ ♠.
Cross the street and turn left.
길을 건너서 왼쪽으로 꺾어.

창의 서술형
✎ 여러분이 어떤 축제에서 무엇을 할지 상상하며 글을 완성하세요.

Hello, everyone!
I'm at the **La Tomatina**
Look at the **people**
How **messy** !

People are **throwing** tomatoes on each other
I feel like **throwing tomatoes**
The city looks **red**

174 • 똑똑한 하루 Reading

Level 3 B • 175

기초 학습능력 강화 프로그램

매일 조금씩 **공부력** UP!

똑똑한 하루
시리즈

쉽다!

하루 10분, 주 5일 완성의
커리큘럼으로 쉽고 재미있게
초등 기초 학습능력 향상!

재미있다!

교과서는 물론, 생활 속에서 쉽게
접할 수 있는 다양한 소재를 활용해
아이 스스로도 재미있는 학습!

똑똑하다!

초등학생에게 꼭 필요한 상식과 함께
학습 만화, 게임, 퍼즐 등을 통한
'비주얼 학습'으로 스마트한 공부 시작!

더 새롭게! 더 다양하게! 전과목 시리즈로 돌아온 '똑똑한 하루'

국어 (예비초 ~ 초6)

예비초~초6 각 A·B
교재별 14권

예비초 : 예비초 A·B
초1~초6 : 1A~4C
14권

영어 (예비초 ~ 초6)

초3~초6 Level 1A~4B
8권

Starter A·B
1A~3B
8권

수학 (예비초 ~ 초6)

초1~초6 1·2학기
12권

예비초~초6 각 A·B
14권

초1~초6 각 A·B
12권

봄·여름
가을·겨울 (초1~ 초2)

봄·여름·가을·겨울
2권 / 8권

안전 (초1~ 초2)

초1~초2
2권

사회·과학 (초3~ 초6)

학기별 구성
사회·과학 각 8권

정답은
이안에
있어!

수학 전문 교재

● 연산 학습

빅터연산	예비초~6학년, 총 20권
창의융합 빅터연산	예비초~4학년, 총 16권

● 개념 학습

개념클릭 해법수학	1~6학년, 학기용

● 수준별 수학 전문서

해결의법칙(개념/유형/응용)	1~6학년, 학기용

● 서술형·문장제 문제해결서

수학도 독해가 힘이다	1~6학년, 학기용

● 단원평가 대비

수학 단원평가	1~6학년, 학기용

● 단기완성 학습

초등 수학전략	1~6학년, 학기용

● 상위권 학습

최고수준 수학	1~6학년, 학기용
최강 TOT 수학	1~6학년, 학년용

● 경시대회 대비

해법 수학경시대회 기출문제	1~6학년, 학기용

국가수준 시험 대비 교재

● 해법 기초학력 진단평가 문제집	2~6학년·중1 신입생, 총 6권

예비 중등 교재

● 해법 반편성 배치고사 예상문제	6학년
● 해법 신입생 시리즈(수학/영어)	6학년

맞춤형 학교 시험대비 교재

● 멸공 전과목 단원평가	1~6학년, 학기용(1학기 2~6년)
● 해법 총정리	1~6학년, 학기용

한자 교재

● 해법 NEW 한자능력검정시험 자격증 한번에 따기	6~3급, 총 8권
● 씽씽 한자 자격시험	8~7급, 총 2권

배움으로 행복한 내일을 꿈꾸는
천재교육 커뮤니티 안내

· · ·

교재 안내부터 구매까지 한 번에!
천재교육 홈페이지

자사가 발행하는 참고서, 교과서에 대한 소개는 물론
도서 구매도 할 수 있습니다. 회원에게 지급되는 별을 모아
다양한 상품 응모에도 도전해 보세요!

다양한 교육 꿀팁에 깜짝 이벤트는 덤!
천재교육 인스타그램

천재교육의 새롭고 중요한 소식을 가장 먼저 접하고 싶다면?
천재교육 인스타그램 팔로우가 필수!
깜짝 이벤트도 수시로 진행되니 놓치지 마세요!

수업이 편리해지는
천재교육 ACA 사이트

오직 선생님만을 위한, 천재교육 모든 교재에 대한 정보가 담긴
아카 사이트에서는 다양한 수업자료 및 부가 자료는 물론
시험 출제에 필요한 문제도 다운로드하실 수 있습니다.

https://aca.chunjae.co.kr

천재교육을 사랑하는 샘들의 모임
천사샘

학원 강사, 공부방 선생님이시라면 누구나 가입할 수 있는 천사샘!
교재 개발 및 평가를 통해 교재 검토진으로 참여할 수 있는 기회는 물론
다양한 교사용 교재 증정 이벤트가 선생님을 기다립니다.

아이와 함께 성장하는 학부모들의 모임공간
튠맘 학습연구소

튠맘 학습연구소는 초·중등 학부모를 대상으로 다양한 이벤트와 함께
교재 리뷰 및 학습 정보를 제공하는 네이버 카페입니다.
초등학생, 중학생 자녀를 둔 학부모님이라면 튠맘 학습연구소로 오세요!